Jutta König | Michaela Schneider

Neu als PDL

Gestalten Sie Ihre Rolle und meistern Sie kritische Situationen

3. Auflage

So werden Sie eine gute Führungskraft

schlütersche

Jutta König ist Altenpflegerin, Pflegedienst- und Heimleitung, Wirtschaftsdiplom-Betriebswirtin Gesundheit (VWA), Sachverständige bei verschiedenen Sozialgerichten im Bundesgebiet sowie beim Landessozialgericht in Mainz, Unternehmensberaterin, Dozentin in den Bereichen SGB V, SGB XI, Heimgesetz und Betreuungsrecht.

Michaela Schneider ist Altenpflegerin, Heimleitung, Dipl. Sozialpädagogin/Sozialarbeiterin, Trainerin/Coach für Gruppentherapien, Dozentin in den Bereichen Alterssoziologie und Kommunikation, Social Media Manager (IHK).

»Wir glauben, dass die Stelle einer PDL eine Herausforderung, aber auch eine Chance ist. Sie können an dieser Stelle Ihren Dienst, Ihre Einrichtung ganz wesentlich mitgestalten. Wir helfen Ihnen dabei!«

JUTTA KÖNIG & MICHAELA SCHNEIDER

Bibliografische Information der Deutschen Nationalbibliothek
Die Deutsche Nationalbibliothek verzeichnet diese Publikation in der Deutschen Nationalbibliografie; detaillierte bibliografische Daten sind im Internet über http://dnb.de abrufbar.

ISBN 978-3-8426-0852-8 (Print)
ISBN 978-3-8426-9094-3 (PDF)
ISBN 978-3-8426-9095-0 (EPUB)

Hans-Böckler-Allee 7, 30173 Hannover
buchvertrieb@schluetersche.de
www.schluetersche.de

Aus Gründen der besseren Lesbarkeit wurde in diesem Buch gelegentlich die männliche Form gewählt, nichtsdestoweniger beziehen sich Personenbezeichnungen gleichermaßen auf Angehörige des männlichen und weiblichen Geschlechts sowie auf Menschen, die sich keinem Geschlecht zugehörig fühlen.

Gedruckt mit mineralölfrei hergestellten Druckfarben und Strom aus erneuerbaren Energien. Die eingesetzten Klebe- und Bindestoffe entsprechen den derzeitigen Umweltstandards, die vom RAL Institut für Gütesicherung und Kennzeichnung geprüft wurden.

Lektorat: Claudia Flöer, Text & Konzept Flöer
Covermotiv: Lonely 11 – PantherMedia
Covergestaltung und Reihenlayout: Lichten, Hamburg
Satz: Sandra Knauer Satz · Layout · Service, Garbsen
Druck und Bindung: Salzland Druck GmbH & Co. KG, Staßfurt

Inhalt

Vorwort

»Neu als Pflegedienstleitung.« In diesem kurzen Satz sowie seiner Umsetzung in der Praxis steckt vieles. Dieser kurze Satz kann Unsicherheit bedeuten: »Meine erste Stelle als PDL! Wie soll ich die angehen?« Oder: »Ich bin zwar PDL, aber ich habe noch nie …« Dieser Satz kann Fragen aufwerfen: »Schaffe ich das?« – »Was finde ich dort vor?« – »Wie werde ich angenommen?« usw.

Der Antritt einer neuen Funktion oder auch eine neue Arbeitsstelle beinhaltet natürlich auch die Vorfreude darauf, etwas Neuem zu begegnen, etwas zu bewegen, mehr Verantwortung zu tragen. Aber er enthält auch reichlich Potenzial für Schwierigkeiten.

Wir möchten Sie in diesem Buch mit zwei Seiten Ihrer neuen Medaille »PDL« bekannt machen: Einerseits mit den reinen sogenannten »weichen Faktoren«, dem Zwischenmenschlichen, und Ihnen somit ein Stück Weg ins Unbekannte ebnen. Wir werden Ihnen die Unterschiedlichkeit Ihrer Mitarbeiterschar vor Augen führen, aber Sie auch selbst in Frage stellen: Vielleicht haben Sie noch Schwächen, die Sie ergründen und kennen sollten.

Auf der anderen Seite werden wir Sie mit dem nötigen Wissen ausstatten, die sogenannten »ZDF« (Zahlen, Daten, Fakten), sodass Sie von der ersten Minute an in Ihrer neuen Stelle glänzen können oder Ihr Wissen aus der Weiterbildung auffrischen und erweitern.

Diese beiden Seiten der Medaille finden Sie in jeder Stellenbeschreibung. Da wird von Ihnen einerseits die fachliche Qualifikation gefordert:

- Abschluss einer Ausbildung als Gesundheits- oder Krankenpfleger/in bzw. als Altenpfleger/in
- Praktische Berufserfahrung
- Weiterbildung als PDL
- Kenntnisse im Qualitätsmanagement

Außerdem sollen Sie über Organisationstalent verfügen, entscheidungsfreudig sein, gern Verantwortung übernehmen, einsatzbereit, flexibel und durchsetzungsstark sein. Selbstverständlich auch kritikfähig, mit viel Einfühlungsvermögen gesegnet, innerlich stabil, ausgeglichen und reflektierend … Dass Sie die ZDF (Zahlen, Daten, Fakten) beherrschen, ist sozusagen Grundvoraussetzung.

Wenn wir »Sie« sagen, so meinen wir jene unter Ihnen, die bereits PDL sind, also über die entsprechende Weiterbildung verfügen und sich verändern wollen sowie diejenigen unter Ihnen, die sich gerade auf den Weg machen, die Stelle einer PDL zu übernehmen. Und selbstverständlich auch jene, die überlegen, ob eine solche Stelle für sie in Frage kommt.

Wir glauben, dass die Stelle einer PDL eine Herausforderung, aber auch eine Chance ist. Sie können an dieser Stelle Ihren Dienst, Ihre Einrichtung ganz wesentlich mitgestalten. Wir helfen Ihnen dabei!

Uelversheim, November 2020 Jutta König & Michaela Schneider

1 Der 1. Tag – Die Vorstellung beginnt

Sie kennen dieses Gefühl, wenn Sie neu sind … der erste Eindruck zählt! So, damit wäre dann auch direkt der Druck wieder da … Was erwarten die Mitarbeiter und Kollegen von Ihnen? Gewiss keinen ausführlichen Lebenslauf als »Intro«. Natürlich ist es wichtig, wo Sie zuletzt gearbeitet haben, wer Sie sind – oder: Was Sie jetzt, da Sie von der Kollegin zur Führungskraft aufgestiegen sind, tun wollen.

Tipp

Geben Sie Ihren Kollegen von Anfang das Gefühl, dass Sie ganz dicht bei Ihnen sind und gern gemeinsam mit ihnen arbeiten wollen. Zeigen Sie, dass Sie alles dafür tun, damit die Zusammenarbeit gut gelingt und vor allen Dingen … zeigen Sie, dass Sie sich freuen!

Aber Sie müssen sich auch der Tatsache bewusst sein, dass Sie nun »Erste unter Gleichen« sind – Sie müssen führen: jeden Tag, zu jeder Zeit, zu jeder Gelegenheit. »Die Funktion der Führung besteht … nicht nur darin, Arbeiten vorzubereiten, Aufgaben zu verteilen und das Tagesgeschäft zu koordinieren, sondern sie liegt vor allem darin, Menschen zu bewegen, und zwar auf Dauer und zielorientiert.«[1]

---

[1] Gremmers U (2016): Neu als Führungskraft. Humboldt Verlag, S. 9

1.1 Die Vorstellungsrunde

Machen Sie sich die Mühe und rufen Sie Ihre Mitarbeitenden zu einer offiziellen Vorstellungsrunde zusammen – auch wenn Sie sie schon seit Jahren kennen. Wenn Sie ganz neu im Dienst oder der Einrichtung sind, sollten Sie sich vorab über die Mitarbeitenden informiert haben. Evtl. von Ihrer Vorgängerin im Amt oder – wenn das nicht möglich war – vom Geschäftsführer, Träger oder Einrichtungsleiter.

Tipp
Verzichten Sie auf Überraschungen! Klären Sie vorab, welche Erwartungen Ihre Vorgesetzten haben. Welche Ziele verfolgt die Einrichtung/der Dienst? Welche Schwierigkeiten gibt es? Welche Herausforderungen? Gibt es bereits Planungen, die Sie jetzt kennen sollten?

Gestalten Sie den ersten Tag nach einem strengen Ablauf. Auf keinen Fall sollten Sie einfach so anfangen! Auch wenn Sie schon lange im Haus/im Dienst sind. Machen Sie einen deutlichen Schnitt bzw. Auftakt und rufen Sie Ihre Mitarbeiter zu einer kurzen Vorstellungsrunde zusammen. Dabei sollten Sie sich als erstes kurz vorstellen. Verfallen Sie aber bitte nicht in ausgedehnte Darlegungen Ihres Lebenslaufes.

- Lächeln Sie und schauen Sie in die Runde.
- Kurzes Update: Das bin ich!
- Sagen Sie, was Sie Positives sehen.
- Skizzieren Sie kurz, welche Pläne die Einrichtung/der Dienst für die Zukunft hat und worin der Anteil der Pflege dabei liegt.

Seien Sie freundlich, lächeln Sie. Ihre Gegenüber achten nicht so sehr auf Inhalte, sondern eher auf Ihre Erscheinung und Wirkung. Ein Lächeln wirkt Wunder! Genauso wie ein selbstbewusstes, aber freundliches Auftreten.

Achtung!

Wir spüren instinktiv, ob wir einem Menschen trauen, ihn für kompetent halten oder nicht. Dies alles geschieht innerhalb einer Zehntelsekunde und bleibt eindringlich im Gedächtnis haften.

Wir müssen nicht einmal mit einem Menschen ins Gespräch kommen, um einen ersten Eindruck von ihm zu bekommen. Seine nonverbalen Signale, die Körperhaltung, seine Kleidung, sein Gang, der Blick, seine Mimik und Gestik verraten uns alles, was wir für eine schnelle Bewertung brauchen. Und so geht es auch Ihren Mitarbeitenden, wenn Sie sich als »Neue« vorstellen. Und umgekehrt!

Es gibt keine zweite Chance für den ersten Eindruck. Das gilt zumindest für Sie, wenn Ihre Mitarbeiter Sie beurteilen. Als Führungskraft jedoch müssen Sie einem zweiten Blick wagen. Dazu kommen wir später.

1.2 Ihre Antrittsrede

Machen Sie sich die Mühe und schreiben Sie sich Stichworte für Ihre Antrittsrede auf (s. auch Kapitel 4.7.1). Auch wenn Ihre Mitarbeiter Sie schon lange kennen – jetzt haben Sie eine neue Rolle und diese müssen Sie vom ersten Tag an gestalten. Ihre Antrittsrede ist also wichtig! Die folgenden sieben Tipps von Bernd Geropp, Geschäftsführercoach, können Ihnen dabei helfen:

1. »Seien Sie Mensch! Reden Sie normal und verstecken Sie sich nicht hinter nichtssagendem Managementgeschwätz. Stellen Sie sich vor, aber bitte nicht mit der Lage zur Nation oder ihrem Lebenslauf, sondern als Mensch. Lassen Sie etwas Persönliches durchblicken, ohne sich dabei anzubiedern. So können Sie z. B. in den ersten Sätzen sagen, dass Sie glücklich verheiratet sind, 2 Kinder und 1 Hund haben und gerne am Wochenende segeln gehen oder sowas.

2. Zeigen Sie Emotionen. Wenn Sie sehr aufgeregt sind, dann sagen Sie das. Das ist keine Schande.
3. Seien Sie wertschätzend gegenüber der Vergangenheit des Unternehmens, gegenüber dem Erreichten und gegenüber den Mitarbeitern – auch wenn nicht alles rosig war oder ist – auch und gerade, wenn Sie schon wissen, dass sich etwas ändern muss.
4. Ach ja – und reden Sie nicht schlecht über Ihren Vorgänger – nicht in der Antrittsrede und auch sonst nicht!
5. Vermitteln Sie, dass Sie sich in der nächsten Zeit mit allen Beteiligten intensiv austauschen möchten, um sie näher kennen zu lernen, um deren Erwartungen zu erfahren und um von ihnen zu lernen.
6. Versprechen Sie Ihren Mitarbeitern, dass Sie sie zeitnah über Ihre Ziele und über mögliche Veränderungen informieren werden – und halten Sie sich dann auch daran!
7. Seien Sie optimistisch und positiv und bitten Sie ganz einfach um die Unterstützung Ihrer Mitarbeiter.«[2]

1.3 »Feuer frei« – eine Fragestunde für Ihre Mitarbeitenden

Kurz nach dieser Vorstellungsrunde sollten Sie eine ordentliche Besprechung einberufen – jetzt sind Ihre Mitarbeiter dran. Sie könnten beispielweise in die Runde fragen:

- Was glauben Sie war der größte Verdienst oder die beste Eigenschaft meines Vorgängers?
- Was wünschen Sie sich von mir als Ihrer neuen Vorgesetzten?
- Was sollte ich auf jeden Fall tun – und was tunlichst unterlassen?
- Worauf legen Sie bei der Zusammenarbeit in unserem Team besonders großen Wert?
- Was sollte unbedingt erhalten bleiben?

[2] Geropp B (o.J.): Die ersten 100 Tage als Führungskraft – der Umgang mit Ihren neuen Mitarbeitern. https://www.mehr-fuehren.de/100-tage-als-fuehrungskraft-umgang-mit-mitarbeitern/ [Zugriff am 18. 11. 2020]

- Gibt es aus Ihrer Sicht Strukturen, Prozesse, Informationswege oder Kommunikationsformen, die wir gemeinsam ändern sollten?
- Gibt es irgendetwas, worauf Sie schon seit längerem hoffen oder warten?
- Es gibt Führungskräfte, die meinen, sie müssten alles auf den Kopf stellen, wenn sie eine neue Position einnehmen. Was glauben Sie könnte der größte spontane Fehler sein, den ich in der Zusammenarbeit mit Ihnen machen könnte?

Welche Frage Sie tatsächlich stellen, hängt von Ihnen ab. Sie müssen authentisch wirken, also stellen Sie bitte nur Fragen, mit denen Sie sich wirklich identifizieren können und auf deren Antworten Sie auch eingehen können.

Es gibt Mitarbeiter, die die Gelegenheit nutzen, Sie zu »testen«. Da wird dann vollmundig behauptet: »Ihre Vorgängerin hat die Wohnbereichsleitungen immer komplett aus der Pflege rausgeplant.« Oder: »In meiner Tour musste ich das aber nicht.« Reagieren Sie hier nicht spontan, sondern sagen Sie: »Danke für den Hinweis. Ich schaue mir die Dienstpläne noch genau an und werde später dazu Stellung nehmen.«

Lassen Sie sich nicht provozieren, wenn es heißt »Das haben wir immer so gemacht ...« oder »Sie sind schon die 4. PDL hier, mal sehen, wie lange Sie bleiben« und dergleichen mehr. Wenn Sie wissen, dass es vorher Probleme gegeben hat, können Sie das ruhig zugeben. Aber gleichzeitig sollten Sie auch darum bitten, dass man Ihnen eine Chance gibt – so wie Sie das auch tun.

Wir sprachen oben vom ersten Blick, den Ihre Mitarbeitenden auf Sie werfen – und davon, dass Sie als Führungskraft mindestens einen zweiten auf Ihre Teams werfen müssen. Dazu ist bei dieser ersten Fragerunde viel Gelegenheit:

- Achten Sie auf möglichst viele Kriterien bei anderen Menschen: Körpersprache, Stimme, sprachlicher Ausdruck, Arbeitsverhalten, Motive usw.
- Berücksichtigen Sie die jeweilige Situation des anderen. Dieser steht mitunter auch unter Profilierungsdruck, Stress, Angst, körperlichen Problemen, Verständigungsproblemen usw.

- Sofern möglich oder Ihnen bekannt, berücksichtigen Sie die persönliche Geschichte des anderen: Erfahrungen, prägende Ereignisse, kulturelle Besonderheiten usw.
- Beobachten Sie die Person in möglichst vielen und unterschiedlichen Situationen: in der Besprechung, bei Kunden, im Dienstzimmer, bei einer Präsentation, in der Mittagspause, in privaten Gesprächen usw.
- Hören Sie genau hin: Welche Worte benutzt Ihr Gegenüber und was können Sie aus der Modulation seiner Stimme ableiten?
- Erspüren Sie auch, welche Atmosphäre durch das Auftreten und die Anwesenheit dieses Menschen bei anderen entsteht.
- Suchen Sie nicht nur nach Bestätigung Ihres ersten Eindrucks, sondern filtern Sie gezielt Beobachtungen heraus, die Ihrer ersten Einschätzung widersprechen.

Wir können nur das wahrnehmen, was andere uns zeigen, und das ist natürlich immer nur ein Ausschnitt aus der Komplexität dieses Individuums, nicht unbedingt repräsentativ für diese Person. Sie können daher nie von einer Situation auf die ganze Persönlichkeit schließen. Sie müssen immer bedenken, dass das gezeigte Verhalten tagesformabhängig und situationsspezifisch ist. Und nicht selten sind einige Personen natürlich darum bemüht, nur ganz bestimmte Aspekte von sich zu zeigen und preiszugeben.

Für viele Menschen macht es sehr wohl einen Unterschied, ob sie sich im Beruflichen oder Privaten bewegen. Dem vermeintlich machtbewussten Chef oder dem intriganten Kollegen gegenüber werden sie sich vermutlich vorsichtiger verhalten, auch wenn dies vielleicht gar kein typischer Wesenszug von ihnen ist.

Andere lassen zuhause ihren inneren Chaoten regieren, während sie in der Einrichtung bemüht sind, ihren Schreibtisch stets aufgeräumt zu halten und immer pünktlich zu Besprechungen zu erscheinen.

Vielleicht geht es Ihnen auch so, dass man im Privaten zu Ihnen sagt: »Ich kann mir gar nicht vorstellen, dass Du auf der Arbeit …«

Wir passen uns also den äußeren Umständen an und zeigen oftmals ein rein nutzenorientiertes Verhalten, um uns zu schützen, um Vorteile zu erzielen, um ein möglichst positives Bild von uns abzuliefern. Alles ganz normal, bei uns und bei unseren Gegenüber.

Als Pflegedienstleitung haben auch Sie eine Rolle – und die müssen Sie erfüllen. Als PDL müssen Sie kompetent wirken – von Anfang an. Trennen Sie Ihre berufliche von Ihrer privaten Rolle. Schließlich haben Sie einiges dafür getan, so weit zu kommen! Jetzt können Sie umsetzen, was Ihnen schon lange vorschwebte.

Tipp

Eine Mitarbeiterversammlung ist wichtig für Ihren Neustart. Doch es gibt noch mehr Runden, die Sie in den ersten 100 Tagen einplanen sollten: einen Angehörigenabend oder/und eine Bewohner-Versammlung und/oder auch einen Nachmittagskaffee für Ihre ambulanten Kunden? Beginnen Sie Ihren neuen Job nicht einfach so, inszenieren Sie ihn!

Hier haben Sie die Gelegenheit, sich vorzustellen und als Person zu wirken. Was macht Sie aus? Welche Wünsche und Erwartungen haben die Menschen?

1.4 Sieht man Ihnen Ihre Motivation auch an?

Bestimmt denken Sie: »Was soll so eine Überschrift? Natürlich bin ich motiviert, sonst würde ich das nicht machen!« Das ist gut, so soll es sein. Doch sehen Sie auch so aus? Die Frage ist ehrlich gemeint und dank eines Spiegels (oder eines ehrlichen Gegenübers) rasch geklärt. Versetzen Sie sich bewusst in Ihre Rolle als PDL und beantworten Sie folgende Frage: Wie sehen Sie aus? Begeistert, nachdenklich, zögerlich, gar ängstlich?

Gehen wir mal davon aus, dass Sie begeistert aussehen, Sie sind top-motiviert. Und damit bereit für Frage 2:

- Wie verhalten Sie sich, wenn Sie motiviert sind und für eine neue Herausforderung brennen?
- Begeistern Sie Ihre Mitarbeiter und Kollegen? Wie?
- Wenn Sie von Ihren Ideen, Plänen und Visionen erzählen, wollen dann mindestens 85 Prozent Ihrer Zuhörer unbedingt ein Teil Ihres Teams sein?

Verwenden Sie Zeit auf die Beantwortung dieser Fragen. Es gibt nichts, was mehr begeistert, motiviert und ansteckt als eine Führungskraft, die das Gefühl vermittelt:

- »Zusammen sind wir die Besten.«
- »Wo wir sind, ist vorn.«
- »Wir sind eine tolle Truppe.«
- »Es gibt nichts Schöneres, als hier zu arbeiten.«

Wer das geschafft hat, hat keine Mitarbeitersorgen. Sie arbeiten mit vielen verschiedenen Berufsgruppen zusammen. Erleben traurige, lustige, ernste Situationen und Momente, in denen Sie nur staunen können.

In der Pflege sind Sie besonders auch an Sonn- und Feiertagen, sowie am Tag und in der Nacht für Menschen da, 365 Tage im Jahr. Warum? Weil Sie es können. Sie sind ein Profi in dem, was und wie Sie es tun. Wer jetzt das »Pflege-GEN« in sich fühlt, weiß wovon wir hier sprechen. Wenn Sie es als Führungskraft schaffen, bei jeder Begegnung mit Ihren Mitarbeitern ein Gefühl von »auf Augenhöhe« zu vermitteln, sind Sie weit vorn. Keiner möchte heute noch einen Vorgesetzten, der sich über alles und alle stellt und Töne wie auf dem Kasernenhof anschlägt.

Es gelten an dieser Stelle andere Kompetenzen als noch vor Jahren. Vermitteln Sie Attribute wie:

- Ich bin zuverlässig.
- Ich habe den Überblick.
- Ich gebe Struktur.
- Ich bin grundsätzlich gelassen.

Nichts ist ansteckender als Unruhe. Daher behalten Sie in Ruhe und mit Gelassenheit den Überblick, dann kann sich Ihr Team auf Sie verlassen und strukturiert arbeiten. Wenn dies keine Grundnatur bei Ihnen ist, müssen Sie sich darin üben. Das heißt, wenn der Stresspegel steigt, ziehen Sie sich kurz in Ihr Büro zurück, schließen Sie die Tür und atmen Sie durch. Sagen Sie sich mantramäßig vor, was die Grundattribute (siehe oben) der PDL sein sollen.

Auch Freundlichkeit, Freude und Spaß kommen heute in unserem hektischen Alltag häufig zu kurz. Menschen von außen verbinden mit alten und/oder kranken Menschen oft den Geruch von Alter, Krankheit, Urin sowie die Angst vor dem Sterben.

Doch dazwischen und drum herum liegen auch Momente der Freude, der Gemeinsamkeit, der Erfolge. Es ist Ihre Aufgabe als Führungskraft, auch diese Momente zu transportieren – nach Innen und Außen. Auch wenn es mal riecht, weil einem Kunden ein Malheur passiert ist, weil es z. B. in den pflegeintensiven Zeiten auf den Wohnbereich – wo sich Schmutzwäsche sammelt – nicht angenehm duftet. Lassen Sie lüften, seien Sie aufmunternd und weiter geht's.

Schaffen Sie, wo immer es geht, Freude. Egal, was kommt, seien Sie freundlich. Stress, Ärger und problematische Situationen werden nicht einfacher, wenn Sie unfreundlich sind. Aber solche Situationen entspannen sich deutlich, wenn Sie freundlich und gelassen handeln.

1.5 Seien Sie offen für Kritik

Sollten Ihnen auffällig oft negative Informationen zufließen oder gar haftungsrechtlich relevante, dann sprechen Sie diese als Gerüchte z. B. gegenüber Ihren Vorgesetzten offen an. Beziehen Sie dabei nicht sofort Position, verurteilen Sie nicht vorschnell, sondern fragen Sie, was Ihr Vorgesetzter davon weiß oder was er/sie davon hält. Bedenken Sie: Wer fragt, führt im Gespräch.

Tipp
Erst informieren, dann reagieren. Machen Sie sich erst in Ruhe und mit Sorgfalt ein Bild, bevor Sie Personen oder Gewohnheiten (offen) bewerten.

Ähnliches gilt auch bei sogenannten kritischen Angehörigen. Hier macht es besonders Sinn, z. B. auf Kritikgespräche mit Angehörigen hinzuweisen. Sie kennen alle »die« Tochter, der man nichts recht machen kann, egal wie viel Mühe Ihre Mitarbeiter sich geben. Es fehlen immer ein paar Strümpfe, die Wäsche ist nicht sauber, die Haare sind nicht richtig geflochten usw.

Ver- und beurteilen Sie die »schwierigen Angehörigen« nicht von vornherein und gehen Sie nicht jedem Gerücht nach. Im Gegenteil: Gehen Sie mit dieser Tochter ins Gespräch. Hören Sie ihr zu, wenn sie Ihnen von Ihrer Geschichte mit Mutter erzählt, ihrem schlechten Gewissen, Mutter nicht pflegen zu können etc. Das anfängliche Kritikgespräch schlägt oft um in eine fast schon therapeutische Beratung der Tochter, die eventuell ja auch schon älter ist. Jeder hat sein Päckchen zu tragen, aber nicht jeder hat die Schulter dafür.

Die wichtigste Rolle, die Sie bei Kritik einnehmen müssen, ist die des Zuhörers. Fragen Sie Ihre Teams, die Angehörigen, die Kunden nach ihrer Meinung – und hören Sie erst einmal zu, bevor Sie handeln.

1.6 Welche »ungestellten« Fragen können bei Ihren Mitarbeitern auftauchen?

Ob Sie nun aus den eigenen Reihen kommen oder von außen – sobald Sie als PDL installiert sind, werden sich Ihre Mitarbeiter viele Fragen stellen:

- Wird die neue PDL dem Führungsstil Ihrer Vorgängerin folgen?
- Will sie grundlegende Arbeitsinhalte und Schwerpunkte, vertraute Verfahren, Prozesse oder Strukturen ändern?
- Wird es die Arbeitsverteilung oder eventuell sogar die innere Rang- und Hackordnung verändern?
- Wird sie einzelne Mitarbeiter bevorzugen oder benachteiligen?
- Hat sie bereits zu Beginn der neuen Funktion einen geheimen Auftrag von der obersten Führungsetage?
- Soll sie aufräumen unter den Mitarbeitern?
- Wie ist die neue PDL? Ist sie ein vorsichtiger Zauderer oder ein mutiger Reformer? Wird sie gegenüber der obersten Führungsetage Rückgrat beweisen oder macht sie sich zu deren gefügigem Handlanger?
- Wird sie Bewährtes pflegen oder sich trauen, positive Veränderungen durchzusetzen?
- Wird sie nach dem Motto »Neue Besen kehren gut« versuchen, alles Mögliche gleichzeitig zu ändern und damit alles auf den Kopf stellen?
- Werden wir bei wichtigen Entscheidungen beteiligt oder wird über unsere Köpfe hinweg entschieden?
- Werde ich noch gefragt sein, werden mein Sachverstand und meine fachspezifischen Erfahrungen weiterhin geschätzt und zu Rate gezogen?

Das ist nur eine Auswahl von Gedanken, die Ihre Mitarbeiter bewegen – deshalb ist auch Ihre Antrittsrede (▶ Kap. 1.2) so wichtig, denn darin können Sie bereits erste Antworten geben.

Tipp

Als frisch angetretene Führungskraft sollten Sie diese Fragen Ihrer Mitarbeiter am besten aktiv beantworten und nicht warten, bis sie wirklich gestellt werden.

1.7 Seien Sie authentisch

In jedem Management-Handbuch tauchen sie auf, die unterschiedlichen Führungsstile. Von autoritär bis Laisser-faire. Mal ist der Boss die absolute Nr. 1, die nichts und niemanden gelten lässt, alles bestimmt und mit absoluter Macht die Richtung vorgibt. Das kann durchaus mal ein (situativ-autoritärer) Führungsstil sein, wenn es darum geht, zuvor festgelegte Ziele auch wirklich zu erreichen. Wenn Sie als Vorgesetzte beschließen, Ihre Teams bei wichtigen Entscheidungen miteinzubeziehen, gemeinsam nach Lösungen zu suchen, dann verfolgen Sie einen situativ-partizipativen Führungsstil. Delegieren Sie dagegen die meisten Aufgaben an Ihre Mitarbeiter und überlassen ihnen auch die Realisierung, dann lassen Sie als Führungskraft wirklich los – und üben auch im Nachhinein keinerlei Kritik an Ihren Mitarbeitern – Laisser faire, einfach machen lassen.

Es ist schlichtweg einerlei, welchen Führungsstil Sie befolgen – er muss jedoch eine Voraussetzung erfüllen: Er muss zu Ihnen passen! Nur dann können Sie authentisch sein.

Freundliche Konsequenz: Leben Sie Ihre Werte. Finden Sie Ihre Werte und ermitteln Sie die Top Ten daraus. Verhalten Sie sich kongruent. Welche wären das für Sie?

- Leistungsbereitschaft
- Vertrauen
- Anerkennung
- Freiheit
- Tempo
- Besonnenheit
- Gelassenheit
- Freude
- Verlässlichkeit
- Klarheit
- Offenheit
- Loyalität
- Ökologie

Fallen Ihnen noch mehr ein?

Wenn es mal nicht so läuft: Bleiben Sie dran und machen Sie es heute besser als gestern. Führen Sie mit einer Mischung aus Demokratie und Diktatur.

2 Besorgen Sie sich alle wesentlichen Informationen über Ihre neue Arbeitsstelle

Mit Informationen sind hier nicht nur Zahlen, Daten und Fakten gemeint. Die sollten Sie schon vor Arbeitsantritt erhalten oder darum gebeten haben. Doch mit dem Antritt Ihrer Stelle brauchen Sie Interna. Das Zauberwort dafür heißt »Kontakte«. Bewegen Sie sich in der Einrichtung unter Kunden und Mitarbeitern, so oft es geht. Sprechen Sie mit den Menschen und »outen« Sie sich als neue Pflegedienstleitung. Sie werden die tollsten Reaktionen erfahren. Von: »Na, dann erzähl ich Ihnen mal, wie das hier wirklich läuft …« bis zu: »Alles ganz wunderbar hier, besser kann es nicht sein«.

Machen Sie sich Ihr eigenes Bild, indem Sie die Stimmungen der einzelnen Menschen aufnehmen. Das sind Ihre Informationsquellen:

- Bewohner/Kunden
- Mitarbeiter
- Angehörige
- Betriebswirtschaftliche Zahlen/Verwaltung
- Bäcker (kein Scherz, analog fragen Sie beim Dienstleister um die Ecke)
- Konzepte
- Leitbild
- Onlinerecherche
- Presseartikel
- MDK-Bewertung

Sie geben sich keine Blöße, wenn Sie Ihre Mitarbeiter und Kollegen nach Zusammenhängen, Fakten und Prozessen fragen. Wenn Sie bei einem neuen Arbeitgeber starten, befinden Sie sich in einer ganz besonderen Situation:

Sie tragen Verantwortung für Abläufe und Ergebnisse, die Sie noch nicht kennen.

Der größte Teil, wenn nicht sogar alle Ihre Mitarbeiter und Kollegen, wird Ihnen fremd sein. Und Sie verfügen noch nicht über ein informelles und unterstützendes Netzwerk. Daher ist es wichtig, dass Sie sich gut vorbereiten und alle Ihre Sinne auf »Empfang« stellen.

Tipp

Zeigen Sie Ihre Lernbereitschaft und -fähigkeit. Sie verschaffen sich mit dieser Haltung deutlich mehr Sympathien als mit der Haltung, »ich weiß schon Bescheid«.

Neben den wirklichen Daten, Zahlen und Fakten ist aber auch das interne Netzwerk wichtig, der sogenannte Buschfunk. Versuchen Sie so schnell wie möglich, informelle Strukturen und unausgesprochene Regeln der unterschiedlichen Teams in Erfahrung zu bringen. Informieren Sie sich aktiv über die informellen Strukturen und impliziten Regeln in der Einrichtung:

- Wer hat was zu sagen?
- Wer ist die heimliche Führung, der Sprecher, der Dauerplauderer etc.

Sie kennen das: »Neue Besen kehren gut«. Viele Führungskräfte, die neu in ihrem Job sind, glauben genau daran. Doch es ist auch wichtig, Vorsicht walten zu lassen, denn rasch kann beim Kehren wertvolles Porzellan zerschlagen werden.

Es kann nicht alles schlecht gelaufen sein, bevor Sie kamen und keiner von uns ist der »Heilsbringer«. Agieren Sie daher mit Augenmaß und auf Augenhöhe.[3]

---

[3] Vgl. Haller R (2015): Checkbuch für Führungskräfte. Haufe Verlag, Freiburg.

Wenn auch die Antwort auf die Frage nach den Informationsquellen einfach ist, so ist die Behandlung der Antworten ungleich schwieriger. Sie können nicht auf jede Information vertrauen. Sie müssen stattdessen jede Information prüfen, mit anderen Informationen abgleichen.

Bedenken Sie, dass jeder Mitarbeitende, jeder Kunde, jeder Angehöriger seine Ziele verfolgt – bewusst oder unbewusst. Und viele Ziele werden miteinander in Konkurrenz stehen. Nicht alle Wünsche können erfüllt werden. Umso wichtiger ist es, dass Sie einen Plan haben, ein Ziel – und darauf hinarbeiten können.

3 Besorgen Sie sich Informationen, um zielorientiert zu arbeiten

Um zielorientiert zu arbeiten, müssen Sie wissen, welche Informationen es gibt, um dann zu filtern, welche Sie tagtäglich benötigen oder welche von Ihnen erwartet werden. Sie haben sicher eigene Ziele, gut und schön, aber zunächst mal werden Sie, was die Ziele betrifft, eine Fremdsteuerung zulassen müssen.

Erst wenn das Ziel wirklich klar und eingehend analysiert ist, können Sie die möglichen Varianten der Umsetzung planen. Auch wenn es kaum einen Plan gibt, der zu 100 Prozent so umgesetzt wurde, wie er vorher niedergeschrieben worden ist: Ein Plan ist eine Richtschnur, eine Orientierungshilfe, um an das Ziel zu gelangen. Oder wie Mark Twain zu sagen pflegte: »Wer nicht weiß, wo er hin will, darf sich nicht wundern, wenn er woanders ankommt«.

Ihre Informationen zur Zielorientierung speisen sich aus drei Quellen:

1. Erlösbeeinflussende Informationen
2. Kundenzufriedenheit
3. Mitarbeiterzufriedenheit

3.1 Erlösbeeinflussende Informationen als Ziel des Unternehmens

Hier wären als Beispiel die unternehmerischen Ziele, die erlöswirksamen Ziele, die Kosten und Erlöse zu nennen, wie z. B.

- Auslastung
- Belegungszahl
- Mitarbeitereinsatz inkl. Mehrarbeitsstunden, Überstunden, Urlaubstage
- Fremddienstleister/Leasing
- Wäscheverbrauch
- Inkontinenzmaterialverbrauch
- Handschuhe und Hygieneartikel
- Pflegegrad

Verschaffen Sie sich möglichst zügig einen Überblick, ob Ihr Arbeitgeber Budgets vorgibt, an denen Sie sehen können, wie viel Sie für einzelne Positionen ausgeben dürfen oder wann Sie welche Schwellenwerte überschreiten. Gibt es kein greifbares, einsehbares Budget, erfragen Sie selbst für Sie relevante Zahlen.

- Wie werden diese Zahlen bis dato kontrolliert?
- Wo können Sie die für Sie relevanten Zahlen erfahren und einsehen?
- Gibt es variable Arbeitsverträge, um prospektiv und eventuell situativ die Dienste anpassen zu können?

Alle Zahlen, die man üblicherweise betrachtet, finden Sie in Kapitel 10 in diesem Buch. Sie müssen schließlich die Instrumente kennen, die den wirtschaftlichen Erfolg Ihrer Einrichtung oder Ihres Dienstes sichern.

3.2 Mitarbeiterzufriedenheit

Die Mitarbeiterzufriedenheit ist das A und O in einem Betrieb. Ist die Zufriedenheit gering ausgeprägt, macht sich dies an vielen Merkmalen fest, von Vernachlässigung der Arbeit bis zu hohen Fehlzeiten und Fluktuation. Das sind die drei wichtigsten Fragen, die Sie stellen sollten:

1. Woran macht der Betrieb die Mitarbeiterzufriedenheit fest?
2. Welche Merkmale legen Sie als Messlatte für Mitarbeiterzufriedenheit an?
3. Wie stehen die Mitarbeiter zur Einrichtung und zum Unternehmen?

Die Einstellung Ihrer Mitarbeiter zur Einrichtung bzw. zum Unternehmen bekommen Sie bei vielen kleinen Gelegenheiten mit. Bei Zweiergesprächen oder in Pausen. Dort hören Sie meist viel Informelles. Auch hier gilt: Überprüfen Sie jede Information, die Sie hören. Nehmen Sie nichts als wahr an, bis Sie es nicht überprüft haben.

Sicherlich fragen Sie sich, wie Sie Ihre Rolle als PDL anlegen sollen. Dabei gibt es kein Geheimrezept. Jede PDL ist anders. Einige versuchen, möglichst wenig Persönliches zu besprechen oder in Erfahrung zu bringen. Andere sind mit vielen gleich »per Du« und gehen auch am Abend gelegentlich ein Gläschen trinken.

Niemand kann Ihnen seriös sagen, welche Strategie am Ende erfolgreicher ist. Es gibt in beiden Fällen, der professionell distanzierteren oder in der eher gleichgestellten privateren Beziehung Beispiele, wo PDLs gescheitert sind und genauso viele Erfolgsmodelle.

Tipp

Seien Sie authentisch. Wenn Sie eher etwas distanzierter sind, sollten Sie das beibehalten, aber darauf achten, dass Sie ansprechbar sind. Wenn Sie gern mit allen per Du sind, müssen Sie sich dennoch immer Ihrer Führungsrolle bewusst sein – Sie werden die ein oder andere Entscheidung treffen müssen, die bei Ihren Kollegen nicht gut ankommt.

Es hat aber immer Vorteile, ein sehr gutes Verhältnis zu den Mitarbeitern zu pflegen. Es ist durchaus nicht einerlei, ob Sie wissen, ob Ihre Mitarbeiter Kinder haben, wie es privat läuft, welche Hobbys sie haben. Jetzt denken Sie vielleicht: »Was gehen mich die Hobbys der Mitarbeiter an?« – »Es kommt ganz darauf an«, lautet unsere Antwort.

Es gibt kaum ein besseres Marketinginstrument, keine besseren Networker rund um die Einrichtung, als die Mitarbeiter und wiederum deren Netzwerke. »Wer kennt wen?« – das ist heute die zentrale Frage.

Tipp
Erstellten Sie eine Mindmap mit Ihren Mitarbeitern und deren Hobbys. Dadurch lernen Sie die Mitarbeiter, deren Hobbys und Talente viel besser kennen. Wenn Sie bei einem Mitarbeiter mal einen trüben Gesichtsausdruck erkennen und ihn direkt ansprechen, finden Sie sicher Anknüpfungspunkte, um ihn wieder aufzubauen.

Sie glauben, dass sei unnötig? Dann überzeugt Sie vielleicht dieses Beispiel aus einer Einrichtung: Eine PDL erfährt, dass der Haustechniker begeisterter Rennradfahrer Ist. Er fährt in einem Verein und ist dadurch mit vielen Menschen im Ort und auch darüber hinaus in Kontakt.

Zum Jubiläumsjahr dieser Einrichtung gibt es ein großes Radrennspektakel. Durch den guten Kontakt des Haustechnikers zum Veranstalter bekommt die Einrichtung die Möglichkeit, sich mit einem Stand zu präsentieren.

Bewohner und Mitarbeiter dürfen vor dem Rennen in dem Sponsoren-Konvoi mit durch die ganze Stadt fahren und dabei kleine Werbegeschenke mit dem Logo der Einrichtung verteilen. Die Einrichtung wird offiziell bei den Sponsoren erwähnt. Mitarbeiter und Bewohner genießen die Veranstaltung in der VIP-Lounge in vollen Zügen und sprechen noch heute davon!

Ein weiteres Beispiel: Ein ambulanter Pflegedienst hat eine überaus engagierte Fußballspielerin als Mitarbeiterin. Die PDL weiß das und bittet darum, ein Fußballspiel als Benefizspiel organisieren zu dürfen. Die Erlöse sollten den Kleinsten im Verein zugutekommen. Die Fußballerin hat es geschafft, ihren Verein zu mobilisieren und sogar einen ehemaligen Nationalmannschaftsspieler als Schirmherren zu begeistern. Spiel, Rahmenprogramm und Erlöse bleiben in Erinnerung und werden fortan als Pflege-Mobil-Event geführt und alle zwei Jahre wiederholt.

Und noch ein Beispiel: Eine Mitarbeiterin hat einen Verwandten, der im Herren-Junggesellen-Schützenverein engagiert ist. Aus der Anfrage, ob man mit Interessierten aus dem Haus und dem Verein mal ein gemeinsames Schützenfest machen könnte, wird ein großes Fest: Jedes Jahr kommen seither ca. 20 Schützen zusammen und begleiten in Uniform die Bewohner zur Kirmes. Es ist unglaublich, wie positiv ältere Menschen auf die »feschen Jungs« in Uniform reagieren. Dass sich aus dem Junggesellen-Schützenverein der ein oder andere junge Mann in eine Mitarbeiterin verliebt, ist dabei ein schöner Nebeneffekt.

Diese drei Beispiele machen klar: Es geht um die Identifikation der Mitarbeiter mit dem Betrieb und die Außenwirkung, die erreicht wird.

Machen Sie sich Gedanken über Ihre Mitarbeiter und deren Interessen. Es lohnt sich! Beispielsweise auch, wenn es um Geschenke geht. Ob ein Mitarbeiter Geburtstag, Jubiläum oder eine Hochzeit feiert – Wenn Sie um den Menschen und seine Bedarfe wissen, können Sie persönliche Geschenke machen. Es geht hier nicht um große Summen, vermutlich ist das Thema Geschenke im Betrieb ja ebenfalls budgetiert. Aber es macht einen großen Unterschied, ob Sie einen Geschenkgutschein schenken oder ein persönliches Geschenk. Statt simplem Gutschein lieber eine CD mit dem persönlichen Musikgeschmack, statt einer Flasche Sekt eine Tasse mit Namensgravur, statt einem Büchergutschein ein Buch, das zu den Interessen des Beschenkten passt etc.

Info
Wenn Sie etwas für Ihre Mitarbeiter tun, tun Sie gleichzeitig auch etwas für Ihre Kunden.

3.3 Kundenzufriedenheit

Wie überprüfen Sie die Zufriedenheit Ihrer Kunden? Sie könnten beispielsweise in die MDK-Prüfberichte der Transparenzvereinbarungen schauen. Dort finden Sie Bewohnerbefragungen. Diese sind nur ein Auszug und werden wohl nur bei einem kleinen Teil Ihrer Kunden ein aussagekräftiges Ergebnis haben, aber dennoch gibt es dort bereits wichtige Hinweise, ob es Schwachstellen gibt: Wenn Sie beispielsweise bei drei von neun Kunden Beschwerden zu einem Thema finden, wird wohl etwas dran sein. Finden Sie dagegen nur bei einem von neun Kunden eine Beschwerde, kann dahinter eine kundenspezifische Geschichte stecken.

Fragen Sie nach vorangegangenen Kundenbefragungen im Unternehmen, schauen Sie sich die vorliegenden Auswertungen an.

Tipp
Gibt es überhaupt keine Kundenbefragungen, dann fragen Sie auf jeden Fall nach, ob dies einen bestimmten Grund hat und was man unternehmensseitig davon hält.

Bevor Sie aber weitere Befragungen veranstalten, sollten Sie die Kundenzufriedenheit auch wirklich fördern. Stellen Sie sich folgende Fragen:

- Welche Haltung haben Ihre Mitarbeiter zur Arbeit, damit auch zu den Kunden?
- Wie stehen die Mitarbeiter zur Einrichtung?

Was denken Sie, wie es wirkt, wenn aus allen Funktionsbereichen, samt Schüler und Geschäftsleitung, ob sie Dienst haben oder nicht, jedes Jahr an Heiligabend mit den Kunden nachmittags gemütlich Kaffee getrunken wird und es eine Bescherung für die Kunden gibt?

Wie wäre es, wenn es im Team einen Sprecher für die Kunden gäbe, eine Art Paten? Der sich Gedanken zum Kunden – über den klassischen Arbeitsauftrag hinaus – macht?

Wie wäre es, wenn die Teams für die Kunden individuelle Geschenke besorgen? Natürlich für einen vorher festgelegten Betrag.

Beispiel Kleine Geschenke – große Wirkung

Eine alte Dame hatte eine CD von »ihren« AMIGOS bekommen. Sie hat es jedem erzählt und hört die CD immer wieder aufs Neue. Ein Herr, der sich kaum noch bewegen konnte, bekam ein mit Kügelchen gefülltes, weiches Stofftier. Die Angehörigen baten nach dem Versterben des Mannes den Bestatter darum, das Stofftier mit in den Sarg zu legen. Er habe es so sehr geliebt.
Das sind kleine Beispiele, die darlegen sollen, wie Bindung und Beziehung funktionieren kann.

Vielleicht denken Sie, das seien utopische Darstellungen. Wer würde denn in seiner Freizeit zum Einkaufen gehen, wer an Heiligabend mittags in der Freizeit die Kunden bespaßen? Aber haben Sie einmal darüber nachgedacht, warum die Mitarbeiter häufig ehrenamtlich an solchen Tagen kommen oder noch in ihrer Freizeit an ihre Kunden denken?

Die Antwort ist einfach: Weil diese Mitarbeiter Freude an ihrer Arbeit haben. Weil Altenpflege für sie nicht heißt, einfach die Schicht zu Ende zu bringen. Weil sie sich mit ihrer Aufgabe und den Menschen identifizieren. Weil sie erkannt haben, dass Menschen, die Pflegekräfte brauchen, bestimmte Dinge nicht mehr selbst beherrschen. Und da, wo diese Hilflosen Hilfe nötig haben, springen die Mitarbeiter ein. Sind der verlängerte Arm, die sehenden Augen und manchmal auch die Stimme. Ein leises, »Dankeschön« von einer Dame, die sonst fast nichts mehr hat und nicht spricht, ist durch nichts aufzuwiegen und die wahre Ernte der Arbeit.

Besonders wichtig ist bei solchen Aktionen oder bei Veranstaltungen (kann auch Ostern, Muttertag etc. sein), dass Sie als Führungskraft kurz ein paar Worte an die Menschen richten. Bedanken Sie sich vor allen Anwesenden (Kunden, Angehörigen, Gästen) ausdrücklich bei Ihren Mitarbeitern für deren Einsatz, die Organisation und die Hilfe. Denn selbstverständlich ist dieses Engagement nicht!

Auch wenn sich alle Gäste gern bei der Leitung bedanken: Ohne die fleißigen Hände und die tolle Arbeit im Hintergrund wäre keine Veranstaltung möglich.

Hatten Sie ein tolles Catering bei Ihrem Sommerfest? Dann sagen Sie es allen Besuchern. Applaudieren Sie der Leistung des Küchenteams! Haben Sie einen gelungenen »Tag der offenen Tür«, dann bedanken Sie sich bei allen und besonders auch bei dem Reinigungs-Team für die Arbeit nach dem Fest.

Info

Ohne ein Vorbild, ohne Sie als guten Geist, der stets mit Engagement voran prescht, versandet selbst die kleinste Idee. Und bedenken Sie: Alles beeinflusst alles. Zufriedene Mitarbeiter ergeben zufriedene Kunden und umgekehrt. Über kurz oder lang werden Sie die Mitarbeiter haben, die Sie verdient haben, es ist nur eine Frage der Zeit.

4 Von Babyboomern bis zur Generation Z – ein erster Blick auf Ihre Mitarbeiter

Wir haben derzeit in der Altenpflege so viele unterschiedliche Mitarbeiter aus unterschiedlichen Prägungszeiten wie vielleicht noch nie vorher. Diese unterschiedlichen Mitarbeiter kommen aus unterschiedlichen Generationen mit sehr unterschiedlichen Denkweisen.

Bei der folgenden kurzen Gegenüberstellung der Generationen geht es keinesfalls um die »besseren« oder die »schlechteren« Jahrgänge. Es geht vielmehr darum, Ihnen als PDL mit einem Kurzüberblick zu erläutern, warum mancher so oder so tickt und Ihr Verständnis zu wecken. Außerdem können Sie Ihre Mitarbeiter besser leiten, wenn Sie wissen, wie Sie sie am besten führen und erreichen können. Abbildung 1 gibt Ihnen einen kleinen Überblick[4].

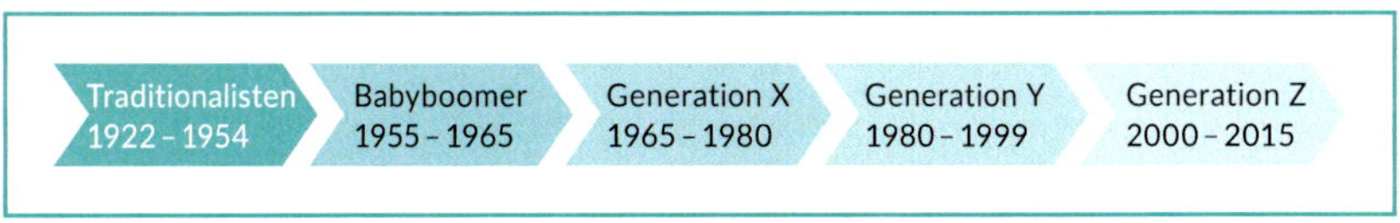

Abb. 1: Jede Generation hat ihren eigenen Charakter.

[4] Generation XYZ – der Überblick über die Generationen auf dem Arbeitsmarkt. www.absolventa.de/karriereguide/tipps/xyz-generationen-arbeitsmarkt-ueberblick [Zugriff 18. 11. 2020]

4.1 Generation Babyboomer

Als Babyboomer werden in Deutschland jene Menschen bezeichnet, die zwischen 1955 und 1965 geboren wurden. Ihr Motto: »Leben, um zu arbeiten.« Die heute 50- bis 60-Jährigen weisen die größte Population aller Generationen auf. Dennoch existieren kaum eindeutige Studienergebnisse zu Lebensgefühl, Werten und Idealen der Babyboomer. Eine Studie des Personaldienstleisters Robert Half charakterisiert diese Generation knapp als »erfolgreich und liberal«. Zudem möchten die Babyboomer laut Studie entschleunigen. Das ist wohl damit zu begründen, dass sich diese Generation bereits an der Schwelle zum Ruhestand befindet. Verdient haben es sich die Babyboomer – haben sie doch zum Großteil die Arbeit in den Mittelpunkt ihres Lebens gerückt und u. a. den Begriff »Workaholic« geprägt.

Werte:

- Gesundheit
- Idealismus
- Kreativität

Merkmale:

- Karriereorientiert – schnell in Führungspositionen aufsteigen
- Arbeit hat den höchsten Stellenwert
- Strukturierter Arbeitsstil

Im Arbeitsleben:

- Regelmäßiger Austausch im Team
- Pflege von Beziehungen und Netzwerken

Bevorzugtes Kommunikationsmedium:

- Telefon

Motivation:

- Persönliches Wachstum
- Wertschätzung für ihre Erfahrungen
- Gefühl, gebraucht zu werden

Tipp
Nutzen Sie diese »arbeitswilligen Teamplayer«, indem Sie diese verstärkt einbinden in Entscheidung oder Abläufe und Ihnen entsprechend ihrer Arbeitsleistung Wertschätzung entgegenbringen.

4.2 Generation X

Die Generation X, geboren zwischen 1965 und 1980, auch Generation Golf genannt, wurde in ihrer Kindheit stark geprägt durch die Wirtschaftskrise und eine verstärkt aufkommende Scheidungsrate. Eine »ganze Generation« Scheidungskinder wurde von Alleinerziehenden großgezogen. Ihr Motto: »Arbeiten, um zu leben.«

Für die sogenannte Generation X ist das berufliche Vorankommen das wichtigste Ziel bei der Suche nach einem Job. Zumindest lauten so die Studienergebnisse der Personalberatung Robert Half. So wird diese Generation der 30- bis 50-Jährigen laut Befragung auch als ambitioniert, individualistisch und ehrgeizig charakterisiert. Die Mitglieder der Generation X sind gut ausgebildet und arbeiten, um sich ein materiell abgesichertes Leben leisten zu können. Im Gegensatz zu ihrer Vorgänger-Generation stellt die Generation X die Arbeit aber nicht vor andere Bedürfnisse, sondern betrachtet diese eher als Mittel zum Zweck.

Werte:
- Unabhängigkeit
- Individualismus
- Sinnsuche
- Pragmatisch

Merkmale:
- Selbstständig
- Streben nach einer hohen Lebensqualität
- Zeit ist wertvoller als Geld

Im Arbeitsleben:
- Technisch versiert
- Teilen Macht und Verantwortung

Bevorzugte Kommunikationsmedien:
- E-Mail
- Mobiltelefon

Motivation:
- Hohe Freiheitsgrade in der Arbeitsgestaltung
- Entwicklungsmöglichkeiten
- Work-Life-Balance[5]

Tipp
Nutzen Sie diese oft als »Einzelkämpfer« agierenden, indem Sie sie verstärkt für spezielle Aufgaben heranziehen. Und ihnen als »Dank« die eine oder andere Freiheit lassen.

[5] Ebd.

4.3 Generation Y oder die Generation »ich«

Die Generation Y, geboren zwischen 1980 und 1999, auch Gen Y oder Millennials genannt, sind die um die Jahrhundertwende Geborenen, die den Internetboom und die Globalisierung in vollen Zügen miterleben. Sie zeichnen sich im Gegensatz zu den Vorgängergenerationen durch ein hohes Bildungsniveau aus. Ihr Motto: »Arbeit und Leben verbinden.«

Generation Y ist wohl die bis dato am besten erforschte Generation, die derzeit auf den Arbeitsmarkt strömt und die ganz besondere Ansprüche an die Unternehmen stellt. So soll die Arbeit vor allem Sinn machen und Abwechslung bieten. Die Generation Y legt dabei sehr viel Wert auf Selbstverwirklichung, ist jedoch ebenso ein geübter Teamplayer, der sich nicht nur offline, sondern auch in der virtuellen Welt durch eine exzellente Vernetzung auszeichnet.

Das Internet und der Umgang damit gehören für die Generation Y zum Lebensalltag, denn sie sind die sogenannten Digital Natives, die bereits in ihrer Kindheit von den technologischen Medien sozialisiert wurden.

Millennials sind Meister der Projektarbeit und engagieren sich auch häufig über den Job hinaus in eigenen Projekten. Arbeit und Privatleben werden somit nicht mehr streng geteilt, sondern ergänzen sich und verschmelzen zunehmend. Dennoch legt die Generation Y viel Wert auf Freiraum für Privates. Aus dem Konzept der »Work-Life-Balance« entwickelt sich laut der Deutschen Gesellschaft für Personalführung e. V. die »Work-Life-Blend«. Private Angelegenheiten sollten auch während der Arbeitszeit geregelt werden können, gleichzeitig ist man jedoch auch bereit, bei Bedarf in der Freizeit zu arbeiten.

Werte:
- Vernetzung
- Teamwork
- Optimismus

Merkmale:

- Mit neuen Technologien aufgewachsen
- »24 Stunden online«
- Arbeit muss Spaß machen
- Hohe Lernbereitschaft
- Arbeitswillig, aber Forderung nach Privatleben sehr ausgeprägt
- Flexibel und anpassungsbereit, selbstständige und unabhängige Arbeitsweise

Im Arbeitsleben:

- Führungspositionen sind nicht mehr so wichtig, eher Fachlaufbahnen und projektbezogenes Arbeiten
- Meister im Multitasking

Bevorzugte Kommunikationsmedien:

- Internet
- Smartphone

Motivation:

- Selbstverwirklichung
- Global vernetzt sein
- Mit Leuten auf der gleichen Wellenlänge zusammenarbeiten[6]

Tipp

Nutzen Sie diese »Multitasker«, indem Sie ihnen vielfältige, aber kleine Aufgaben geben. Bringen Sie mehrere dieser Gruppe zueinander, sie bestärken sich selbst.

[6] Ebd.

4.4 Generation Z

Und schließlich die Generation Z, geboren zwischen 2000 und 2015, auch Generation YouTube genannt, die die Digitalisierung des Alltags komplett in ihr Leben eingebaut haben. Ihr Motto: »Hier die Arbeit, da mein Leben.«

Die Jugendlichen, die in den nächsten Jahren in den Arbeitsmarkt eintreten, sind die Generation, die komplett mit digitalen Technologien aufgewachsen ist: Internet und Smartphone gehören zu ihrem Leben selbstverständlich dazu – auf der Arbeit wie im Privatleben. Anders als die Generation Y differenziert die Generation Z wieder mehr zwischen Arbeit und Privatleben. Feste Abgrenzungen sowie klare Strukturen sind wieder gewollt. Den Laptop nach der Arbeit mit nach Hause zu nehmen, ist hier nicht drin.

Selbstverwirklichung wird nicht mehr nur in der Arbeit gesucht, sondern vor allem in der Freizeit und in sozialen Kontakten. Bei dieser Generation gibt es keine Abgrenzung mehr zwischen virtuell und real, sondern der Austausch mit Anhängern derselben Medien findet ununterbrochen statt.

Das spiegelt sich auch in den Werten der Generation Z wider: Sie haben einen großen Wunsch nach freier Entfaltung, sind sich aber auch ihrer unsicheren Zukunft bewusst. Den Wohlstand ihrer Elterngeneration werden sie nicht erreichen, dafür können sie sich ungebremst und nach allen Richtungen entfalten. Das führt bei vielen auch zu einer Ratlosigkeit und einem Ausprobieren, welche Wege passen könnten.

Weil die Generation neu ist und ihre Präsenz auf dem Arbeitsmarkt erst in Ansätzen sichtbar ist, lassen sich noch keine eindeutigen Merkmale ableiten.[7] Es ist noch nicht möglich zu sagen, ob und wenn ja, wie sich diese Generation an Konventionen anpassen wird. Ob sie es mögen werden, im Team zu arbeiten oder als Individualist und Spezialist am liebsten ihr eigenes Ding machen. Die nächsten Jahre werden es zeigen.

---

[7] Ebd.

4.5 Achten Sie auf die Gesundheit Ihrer Mitarbeiter

Die folgenden Schlagzeilen stammen von Mitte 2017: »Diskussion um Pflegekräftemangel droht zu eskalieren« – »Keine Pflegekräfte: Klinik muss Operationen absagen« – »Pflegekräftemangel sorgt für dramatische Unterversorgung« – »Pflegeheime können sich Stellenanzeigen sparen«.

Unter der letztgenannten Schlagzeile folgte ein Artikel aus der Süddeutschen Zeitung: Professor Dr. Michael Isfort vom Deutschen Institut für angewandte Pflegeforschung (dip) in Köln hatte eine Studie angefertigt. Thema: »Wie lassen sich in Bayern Fachkräfte für die Langzeitpflege sichern?« Ergebnis, so Isfort: »Hören Sie auf, Stellenanzeigen zu platzieren, spenden Sie das Geld lieber.«[8] Es lohnt sich nicht, um Fachkräfte zu werben, wenn es keine gibt. Es lohnt sich auch nicht, bundesweit zu suchen, denn Isfort wurde im gleichen Artikel zitiert, dass Studien zeigen, »dass der Radius, in dem Fachkräfte für eine Pflegeeinrichtung rekrutiert werden können, bei etwa 20 Kilometern liegt«.[9] Das ist übrigens völlig unabhängig von der Generation. So besagt eine aktuelle Studie des dip, dass nur 10 Prozent der Schülerinnen und Schüler in der Altenpflege für ihre Traumarbeitsstelle mehr als 50 Kilometer pendeln würden.[10]

Der Mangel an Pflegekräften hat viele Ursachen: die geringe Entlohnung, der hohe Stressfaktor, die körperlichen und seelischen Belastungen. All das ist bekannt, geändert hat sich in den letzten Jahren kaum etwas. Der BKK Dachverband befragte 2000 Beschäftigte in Deutschland zum Thema Gesundheit und Arbeit. Ein Ergebnis: »Keine andere Berufsgruppe blickt so pessimistisch in ihre berufliche Zukunft wie Kranken- und Altenpfleger.«[11]

---

[8] Pflegeheime können sich Stellenanzeigen sparen. http://www.sueddeutsche.de/bayern/pflegekraeftemangel-pflegeheime-koennen-sich-stellenanzeigen-sparen-1.3395947 [Zugriff am 18. 11. 2020]

[9] Ebd.

[10] Fachkräftesicherung in den Gesundheitsberufen NRW 2017, Regionalkonferenz Düsseldorf

[11] Newsletter des Deutschen Pflegerates vom 6. Juni 2017. Im Internet: deutscher-pflegerat.de [Zugriff am 16. 08. 2017]

35,8 Prozent der Altenpflegekräfte und 26,2 Prozent der Gesundheits- und Krankenpflegekräfte zweifeln daran, dass sie ihre Arbeit auch noch in den nächsten zwei Jahren ausüben können. Zum Vergleich: Bei anderen Beschäftigten liegt die Quote im Schnitt bei 21,5 Prozent. Warum Pflegekräfte so pessimistisch sind, liegt vor allem an den körperlichen und psychischen Belastungen. Eine Strategie, die hier vorgeschlagen wird, sind Maßnahmen zur betrieblichen Gesundheitsförderung. Solche Maßnahmen bezeichneten in der BKK-Studie immerhin 88,2 Prozent der Pflegekräfte als wichtig. Doch nur die Hälfte der Unternehmen bietet diese Maßnahmen an und leider nehmen auch nur 40 Prozent der Pflegekräfte an solchen Angeboten teil.

Tipp

Wie sehr kümmern Sie sich um Ihre Gesundheit? Bieten Sie in Ihrem Unternehmen betriebliche Maßnahmen zur Gesundheitsförderung an? Nehmen Sie auch selbst daran teil? Hier können Sie als Vorbild wirken!

4.6 Die Mitarbeiter nehmen, wie sie kommen

Das individuelle Profil eines Menschen, sein Alter, sein Geschlecht, sein Beruf, die Branche – das alles kann variieren. Und doch lassen sich bestimmte Typen im beruflichen Umfeld immer wieder finden.

Eine Typisierung ist natürlich immer eine Vereinfachung. Sie bildet eine Person, deren Eigenschaften oder Charakter nicht zu 100 Prozent ab, sondern skizziert grob eine herausstechende Seite der Persönlichkeit.

Hilfreich ist es dennoch, wenn Sie charakteristische Verhaltensmuster im beruflichen Alltag typisieren können. Denn Sie betrachten dann nicht Einzelsituationen, sondern erkennen Muster. Dies erleichtert es Ihnen, die Stärken, Schwächen und Vorlieben Ihrer Gegenüber besser berücksichtigen zu können. Zudem verhindert es, dass Sie durch Ihr Verhalten negative Muster vielleicht noch verstärken und damit Konflikte herbeiführen. Deshalb ist es wichtig, bestimmte Mitarbeitertypen, denen Sie häufig begegnen, zu kennen.

- Der Bürokratische: Alles geht seinen geregelten Gang.
- Der Ängstliche: Ob ich das wohl kann?
- Der Pragmatische: Hauptsache, das Ergebnis stimmt, wie das gelang, ist egal!
- Der Kreative: Es gibt für alles viele tolle Lösungen!
- Der Perfektionist: Alles muss immer hundertprozentig sein. Abweichungen sind verboten.
- Der Einzelkämpfer: Wenn ich es nicht mache, geht das in die Hose.
- Der Warmherzige: Ich helfe gern, ich kümmere mich.
- Der Gemütliche: Nur keinen Stress, morgen ist auch noch ein Tag.
- Der Star: Keiner ist so gut wie ich, ohne Anerkennung fehlt mir etwas.
- Der Spezialist: Alles Kniffelige interessiert mich.
- Der Abenteurer: Was Neues? Ein Wagnis? Ich bin dabei!
- Der Arbeitsame, Unstrukturierte: 15 Baustellen auf einmal öffnen, ohne auch nur ein Loch zu schließen.

Und wenn alles »gesund« läuft, haben Sie von allem etwas. Und wenn es »ungesund« läuft, versuchen Sie diese Typen zu ändern oder alle gleich zu behandeln. Wenn Sie sich von dem irren Gedanken gelöst haben, dass es weder sinnvoll noch möglich ist, als Führungskraft alle gleich zu behandeln, stellt sich immer noch die Frage, wie typengerechte Führung konkret aussehen kann. Hier einige Anregungen dazu:

- Sie sehen das Typische im Individuellen und gehen mit unterschiedlichen Typen passend um.
- Sie können Ihren Kommunikationsstil variieren, je nachdem, mit welchem Typ Sie zu tun haben.
- Sie überprüfen Ihre Wahrnehmungen und Einschätzungen im Dialog, schauen, wo Sie sich bestätigt sehen oder Ihre Einschätzung revidieren müssen.
- Sie betrachten Ihre Mitarbeiter ganzheitlich und sehen Licht und Schatten.

- Sie erkennen die Ressource im ungewünschten Verhalten und nutzen diese.
- Sie sehen und eröffnen persönliche Entwicklungsfelder.
- Sie passen Anforderungen, Aufgaben und die Art der Betreuung individuell an.
- Sie können eine ganzheitliche Perspektive einnehmen und sehen, wie Persönlichkeitstypen auf unterschiedliche Umfelder reagieren.
- Sie sorgen für ein Klima der Toleranz und Kooperation und sind selbst Rollenvorbild, indem Sie verschiedene Persönlichkeiten und ihre Besonderheiten akzeptieren.

Nutzen Sie Ihr Typenwissen im Gespräch. Machen Sie sich vor jedem Gespräch bewusst, mit wem Sie es zu tun haben:
- Welcher Typ sitzt mir gegenüber?
- Welche typischen Verhaltensmuster zeigt sie bzw. er?

Was braucht z. B. der Mitarbeiter, um sich in dieses Gespräch optimal einzubringen und wie offen, direkt oder schnell können Sie das Thema ansprechen? Beides hängt vom Persönlichkeitstyp ab.

Versuchen Sie im Gegenüber zu erkennen, was ein Mitarbeiter typenspezifisch braucht:
- Der Bürokrat braucht die Sicherheit einer Struktur.
- Der ängstliche Typ braucht nicht noch mehr Druck, den macht er sich selbst.
- Der Pragmatische braucht die Reflexion und auch den Hinweis auf sinnvolle Strukturen.
- Der Kreative braucht Struktur, um bei einem Thema zu bleiben.
- Der Perfektionist braucht Entspannung.
- Der Einzelkämpfer braucht Freiraum, aber auch eine klare Führung.
- Der Warmherzige braucht Lob, aber auch geregelte Pausen.
- Der Gemütliche braucht Antrieb und klare Zielsetzungen.
- Der Star braucht Anerkennung, aber auch sanfte Ermahnung.
- Der Spezialist braucht Freiraum, aber auch klare Zielsetzungen.
- Der Abenteurer braucht Herausforderungen und klare Strukturen.
- Der Unstrukturierte braucht eine klare Struktur.

Behalten Sie sich aber auch individuelle Flexibilität vor. Ist jemand »total von der Rolle«, macht es keinen Sinn, das geplante Thema durchzuziehen. Dann müssen Sie die vorliegende Störung bearbeiten, bevor Sie zum Sachthema übergehen.

Überlegen Sie, was Ihr Gesprächsziel ist, damit Sie es im Auge behalten und bei Umwegen immer wieder darauf zurückkommen. Dann können Sie auch unnötige Streitereien oder Nebenthemen gezielter aus dem Weg gehen und das Gespräch strukturieren.

Wo könnte es zwischen Ihnen zu Konflikten kommen? Das Konfliktpotenzial kann im Thema liegen, in Ihrer Art, Probleme zu bearbeiten, in unterschiedlichen Persönlichkeiten oder in unterschiedlichen Zielen. Überlegen Sie, wie Sie diesen Problemen prophylaktisch begegnen können und was Sie tun wollen, wenn es doch so weit kommt.

Angesichts des Risikos abnehmender Arbeitgeberbindung, sowie des Bedürfnisses vieler junger Mitarbeiter nach Selbstentfaltung und Selbstverwirklichung reicht Geben und Nehmen nicht mehr aus. Um Höchstleistungen und emotionale Bindungen an das Unternehmen zu fördern, müssen Sie als Führungskraft auch die emotionale Ebene ansprechen. Sie müssen die individuellen Normen, Stärken und Werte der Mitarbeiter stärker berücksichtigen und Führungsbeziehungen höchst individuell zu gestalten.

Lassen Sie uns nochmal auf die Generation Y eingehen. Die Vertreter der Y-Generation sind es gewöhnt, nicht zuletzt durch die Vielzahl ihrer Beziehungen in digitalen Netzwerken, vielfältige Rückmeldungen zu erhalten bzw. zu geben und erwarten dies auch im Arbeitsleben. Hier geht es um Wahrnehmung, Lob und Anerkennung, was für diese Mitarbeiter existenziell ist. Wenn Mitarbeiter auch für eine durchschnittliche Leistung ein Feedback bekommen, spüren sie, sie werden wahrgenommen und vielleicht löst das einen Knoten.

Fazit **Mehr Mentor und Coach als Vorgesetzter**

Insgesamt gesehen werden Vorgesetze zukünftig deutlich mehr Zeit in die Führungsarbeit investieren müssen als heute. Sie werden insbesondere als Coach bzw. Mentor gefordert sein, ihre Mitarbeiter als Vorbild zu beraten und sie bei ihrer individuellen Entwicklung mit formellen und informellen Rückmeldungen zu unterstützen. Schnelles Feedback wird wichtiger. Feedback muss nicht immer von den Chefs bzw. anderen Mitarbeitern systematisch gesammelt, gehortet und zum späteren Zeitpunkt präsentiert werden.

4.7 Was tun bei kritischen Mitarbeitern?

Wie jede neue Führungskraft müssen auch Sie damit leben, dass es kritische Mitarbeiter gibt, sogar überkritische und mitunter offene Anfeindungen. Ihre erste Reaktion darauf: Durchatmen. Geben Sie der Kritik Raum. Streiten Sie nicht gleich alles ab, gehen Sie nicht in die Rechtfertigung.

Tipp
Nehmen Sie Kritik nie persönlich, auch wenn diese zunächst so geäußert wird. Die Kritik richtet sich nicht an Sie als Person, sondern an Sie in Ihrer Rolle als Führungskraft. Das müssen Sie immer trennen.

Bieten Sie Ihre Kooperation an und fragen Sie nach, was Sie gemeinsam daran ändern können. Wenn Ihr Mitarbeiter sich im Ton vergreift, können Sie höflich darauf hinweisen, dass Sie ihm gern zuhören, aber nur in einem gemäßigten Tonfall. Erkennen Sie aber an, dass er offensichtlich sehr unter Stress ist. Vielleicht sogar wegen einer persönlichen Angelegenheit – das sollten Sie genauer erforschen.

Bei unberechtigter Kritik müssen Sie sachlich erläutern, warum Sie diese Kritik für unberechtigt halten. Vielleicht braucht der Mitarbeiter einfach mehr Informationen, eine Fortbildung oder ein Coaching? Auch diese Erkenntnis kann in einer Kritik liegen.

Behalten Sie kritische Mitarbeiter aber stets im Auge, damit keine »Stürme und Feuer« im Team gelegt werden. Versuchen Sie frühzeitig, die Emotionen in der Situation zu erkennen.

Ein ständiger Begleiter, gerade wenn es Wechsel im Führungsteam gibt, ist die Unsicherheit unter der Mitarbeiterschaft. Diese Unsicherheit lässt manche Mitarbeiter aus der Rolle fallen und/oder zu Fehlverhalten verleiten. Die Mitarbeiter der Generation Y lassen sich mit autoritären Sprüchen nicht mehr abspeisen. Sie erwarten, dass man ihnen zuhört, sie einbindet und auf Augenhöhe mit ihnen spricht. Tun Sie das nicht, demotivieren Sie sie (und auch andere Mitarbeitende). Die Folge sind erhöhte Fehlzeiten, verminderte Arbeitsleistung, Konflikte und die Bildung von »feindlichen Lagern«.

4.7.1 Vertrauen erwerben

Die Zukunft ist nicht exakt planbar, daher sind schwierige Situationen eigentlich vorprogrammiert. Nach unserer Erfahrung ist es aber so, dass Mitarbeiter dann ihren Führungskräften folgen, wenn sie ihnen vertrauen! Das ist völlig unabhängig von einem Führungsstil. Vertrauen lässt sich nicht befehlen und es stellt sich auch nicht automatisch ein, wenn Sie als Gleiche unter Gleichen handelt.

Vertrauen entsteht »rekursiv«, dies bedeutet, in der täglichen Führungssituation müssen die Mitarbeiter eine Vorleistung erbringen, sie schenken dem Vorgesetzten Vertrauen.[12] Vertrauen ist eine Frage konkreten Verhaltens! Damit sind Sie als Führungskraft ganz besonders gefordert:

[12] Vgl. Haller 2015

- Hören Sie Ihren Mitarbeitern konzentriert zu, wenn sie Ihnen was sagen wollen.
- Suchen Sie nicht nach Schuldigen in Problemsituationen, sondern immer nach Lösungen.
- Sprechen Sie vorhandene Probleme offen an. Gemeinsame Probleme verbinden Menschen in ihrem Drang, sie (gemeinsam) lösen zu wollen.
- Versuchen Sie gemeinsam mit Ihrem Team 90 Prozent Ihrer Zeit der Problemgründung zu widmen und nur 10 Prozent für Diskussionen.
- Bleiben Sie sich treu, denn ein bestimmter Führungsstil ist für den Vertrauensaufbau nicht wichtig. Authentizität hingegen schon.
- Lösen Sie sich von der Vorstellung, dass Ihre Einrichtung/Ihr Unternehmen nur vom Kapitän gelenkt wird. Es braucht die ganze Mannschaft (Lotsen, Steuermann, Matrosen, Maschinenraum, Koch), ohne die der Kapitän seine Befehle in den Wind rufen kann.

Binden Sie daher gerade auch Ihre kritischsten Mitarbeiter mit ein, wenn es darum geht, den künftigen Kurs zu bestimmen.

Legen Sie Wert auf eine gute Kommunikation. Fordern Sie einen offenen Dialog anstelle von emotionalen Diskussionen. Ein echter Dialog hat das Ziel, eine gemeinsame Lösung zu finden, während es in einer Diskussion meist darum geht, seinen Standpunkt vehement zu vertreten. Gehen Sie auch hier als gutes Beispiel voran.
Nehmen Sie sich Zeit für Gespräche, ohne immer gleich eine Lösung finden zu wollen. Sie vermitteln damit das Gefühl, ernsthaftes Interesse am Wohlbefinden und der Meinung Ihres Gegenübers zu haben, und wirken vertrauenswürdig. Und wo Vertrauen geschenkt wird, kommt Vertrauen zurück.

Vertrauen steht insbesondere im Konfliktfall auf dem Prüfstand. Versuchen Sie daher, in Konflikten fair, sachlich und konstruktiv zu agieren. Wie in Ihrer Einrichtung mit Fehlern umgegangen wird, ist entscheidend für die Vertrauenskultur. Räumen Sie Ihren Mitarbeitern einen Gestaltungsspielraum ein. Setzen Sie Ziele gemeinsam, überlassen Sie allerdings Ihren Mitarbeitern den Weg. Es gibt viele Wege zum Ziel! Sie schenken Ihren Mitarbeitern damit einen wichtigen Vertrauensvorsprung, der sie gleichzeitig motivieren und verpflichten wird.

4.7.2 Machtkämpfe sind unfruchtbar

In einem Machtkampf geht es nicht mehr um gemeinsame Ziele, Probleme und Lösungen, sondern nur noch um Sieg und Niederlage, kurzum: Es geht um Macht!

Wobei Macht zunächst nichts Schlechtes ist. Es kommt nur darauf an, wie man diese einsetzt. Jeder Mensch, der Verantwortung trägt, muss auch die Macht haben, im Rahmen dieser Verantwortung zu steuern. Dazu gehört es, die Macht anzunehmen und zu nutzen, um Maßnahmen zu ergreifen und Entscheidungen fällen zu können, denen sich andere unterzuordnen haben.

Macht haben heißt aber nicht, keiner Kontrolle zu unterliegen und tun und lassen zu können, was Sie wollen. Aber es bedeutet, für die getroffenen Maßnahmen und Entscheidungen Rechenschaft abzulegen. Macht, die sich der Kontrolle entzieht, ist gefährlich! Oder, wie der Philosoph Manfred Hinrich sagt: »Macht steigt nur zu Kopfe, wenn dort der erforderliche Hohlraum herrscht.«

Machtkämpfe finden statt, wenn Ihnen z. B. ein Mitarbeiter Ihre Position, Stellung und Möglichkeit, offen oder verdeckt, streitig macht. Solange es ein transparentes Verfahren dafür gibt, sind bestimmte Rituale festgelegt und eine Entscheidung zu einem bestimmten Zeitpunkt zu erwarten. Ein Beispiel für offene Machtkämpfe sind die Wahlen in der Politik, Nachfolge-Besetzungsregelungen für Führungspersonen oder Personalwahlen.

Verdeckte Machtkämpfe finden meist ohne Rituale statt und in sie werden die Beteiligten nicht immer freiwillig hineingezogen. Offiziell besteht gar kein Machtkampf, aber inoffiziell läuft der Schlagabtausch umso härter ab mit dem Ziel: »Der oder ich«.

Häufig werden diese Machtkämpfe über einen langen Zeitraum mit ungeheurem Einsatz von Energie und Kreativität, aber ohne greifbares Ergebnis geführt. Und der vermeintliche Sieger muss sich fragen, welchen Preis er für seinen »Sieg« bezahlt hat.

Machtkämpfe sind grundsätzlich schädlich: Sie schaden den beteiligten Personen, sie beschädigen die Qualität der Arbeit, das Image der Einrichtung oder des Dienstes und sie hinterlassen Narben: mangelndes Vertrauen, große Skepsis und einen Wall an Widerwilligkeit.

Tipp
Sie können Machtkämpfe vielleicht nicht ganz verhindern, aber Sie können sie zumindest etwas eindämmen: Schaffen Sie ein Klima des Vertrauens, in dem sich Ihre Mitarbeitenden offen austauschen können, über ihre Sorgen, Ängste und Probleme. Hören Sie zu, erarbeiten Sie Lösungen und vor allem: Setzen Sie um, was Sie zugesagt haben!

4.7.3 Wie Sie aus kritischen Situation aussteigen

Als neue PDL werden Sie Veränderungen anstreben. Sei es, weil Sie Prozesse optimieren müssen oder neue Gesetze und Regelungen auch neue Konzepte verlangen. Bedenken Sie: Jede Veränderung macht Angst und Ängste können – wenn Sie nicht ausgesprochen werden – durchaus zu Machtkämpfen und zumindest zu kritischen Situationen führen.

Dies kann Ihr Fahrplan für solche Situationen sein:
Suchen Sie das Gespräch mit Ihren »Gegnern«. Sprechen Sie Ihr Gefühl an, in einen Machtkampf hineingezogen zu werden. Machen Sie keine Vorwürfe, sondern stellen Sie ruhig und sachlich Ihre Gefühle und Ihre Beobachtungen dar. Damit lassen Sie dem Anderen eine Hintertür offen, sich noch zurückziehen zu können. Sprechen Sie auch Ihre Zuversicht aus, dass Sie gemeinsam eine Lösung finden und momentan die Situation noch ohne fremde Hilfe klären wollen. Machen Sie deutlich, dass Machtkämpfe hinderlich sind, um die Ziele für das Unternehmen und dessen Kunden zu erreichen.

Wenn Sie kritische Gespräche so führen, wird Ihr Gesprächspartner vermutlich total überrascht sein von Ihrer Gelassenheit in der Situation, von Ihrer Offenheit und Ihrem Standing.

Gelassen und offen können Sie aber nur wirken, wenn Sie sich auf so ein »Konfliktgespräch« gut vorbereitet haben. Fühlen Sie sich unsicher und wackelig, gehen Sie (noch) nicht in solche Gespräche. Sie würden Gefahr laufen, Ihre Souveränität zu verlieren und in den nächsten Kampf geraten. Also hören Sie in sich hinein, Menschenführung hat auch etwas mit Intuition zu tun. Klären Sie die folgenden Punkte vor dem Gespräch:

1. Analyse: Was hat den Konflikt ausgelöst? Sprechen Sie auch mit Vertrauten darüber, holen Sie sich eine Ansicht von außen.
2. Lösungsorientierung: Welche Gemeinsamkeiten gibt es zwischen Ihnen und Ihrem Konfliktpartner? Wo stimmen Sie überein – wo nicht?
3. Argumente: Schreiben Sie auf, welche Punkte Sie ansprechen wollen und nutzen Sie diese Liste im Gespräch.
4. Sachlichkeit: Bleiben Sie ruhig und sachlich. Führen Sie ein solches Gespräch in einem ruhigen Rahmen, nicht zwischen Tür und Angel. Sprechen Sie in der Ich-Form und ohne Vorwürfe. Hören Sie zu und bitten Sie auch darum, Ihnen zuzuhören. Bleiben Sie auch in Ihrer Mimik und Gestik ruhig und gelassen (keine verschränkten Arme, keine hochgezogenen Augenbrauen, keine abwertenden Gesten und Äußerungen).

Ein Zusammenleben ganz ohne Konflikte ist nicht denkbar. Darin liegt ja auch der Reiz. Denn die Vielfalt der Menschen und Ihr Facettenreichtum an Verhaltensweisen machen diese Welt so bunt, wie sie ist. Wenn Sie diese Vielfalt als Chance erleben wollen, sollten Sie mit Mut in Meinungsverschiedenheiten »hineingehen«. Interessieren Sie sich für die Unterschiede der Sichtweisen und Einschätzungen der Beteiligten.

Der Begriff »Standpunkt« suggeriert fälschlicherweise, dass es einen richtigen Punkt gibt, an dem jemand steht! Starrheit, Sturheit, Unflexibilität und der Mangel an Empfindungen für eine situationsadäquate Reaktion werden darin sichtbar. Genau diese Haltung macht den Umgang mit Konflikten (und Kritik) so schwierig.

Wenn es nur darum geht, den eigenen Standpunkt zu behaupten, geht es um Macht! Dann geht es nicht mehr darum, die beste Lösung zu finden und etwas gemeinsam zu entwickeln, sondern nur noch darum, den anderen zu besiegen.[13]

Fazit **So lösen Sie Konfliktsituationen**

Um eine Konfliktsituation lösen zu können, müssen Sie:
- klären, wer beteiligt ist,
- wissen, um was es überhaupt geht,
- den Anlass des Konflikts von dessen eigentlicher Ursache trennen,
- die Persönlichkeitsstrukturen der Beteiligten berücksichtigen,
- ein gemeinsames Ziel (Lösung) festlegen.

4.7.4 Der Blick auf den »Gegner«

Stellen Sie sich folgende Fragen:
- Welche Menschen sind Ihnen suspekt oder unsympathisch? Und warum?
- Mit welchem Verhalten anderer haben Sie am meisten Schwierigkeiten? Und warum?
- Wie möchten Sie auf gar keinen Fall sein? Und warum?
- Von wem werden Sie abgelehnt oder gemieden? Und was glauben Sie, warum?
- Mit wem möchten Sie lieber nicht arbeiten? Und warum?

Oft werden Schwierigkeiten und Missverständnisse »nur« dadurch hervorgerufen, dass Worte unterschiedlich interpretiert werden. Das liegt an den individuellen Erfahrungs- und Empfindungswelten der Menschen. Was der eine als Scherz meint, kommt beim anderen als Beleidigung an. Was als vage Möglichkeit geäußert wurde, interpretiert ein anderer als konkretes Vorhaben oder gar Versprechen. Dass Arbeitsaufträge oft nicht so ausgeführt

[13] Vgl. Krüger W (2015): Teams führen. Haufe Verlag, Freiburg

werden wie vom Auftraggeber erwünscht, liegt meist nicht daran, dass der Auftragnehmer bewusst böswillig handelt, sondern vielmehr daran, dass er etwas anderes verstanden hat. Worte bekommen erst dann einen Sinn, wenn wir sie mit unseren Erfahrungs- und Wissenswelten verknüpfen, doch diese unterscheiden sich nun mal von denen anderer.

Solange Sie das Verhalten anderer Menschen nur aus Ihrer Perspektive betrachten, werden Sie immer wieder enttäuscht, irritiert, verärgert sein. Häufig drehen sich beide Seiten um den aktuellen Konfliktanlass und machen sich nicht bewusst, dass das Problem an ganz anderer Stelle zu suchen ist. Dadurch finden sie auch keine Lösung und die scheinbar ausweglose Situation hält den Konflikt am Kochen, der Druck verstärkt sich.

Deshalb lohnt es sich, Ihr eigenes Konfliktverhalten und Ihre »persönlichen« Konfliktauslöser genauer unter die Lupe zu nehmen. Dabei erhalten Sie gleichzeitig Hinweise auf Ihre eigenen, typischen Verhaltensmuster im Konflikt, und die typischen Verhaltensweisen und Reaktionen Ihrer Konfliktpartner.

Unter Druck reagiert man in der Regel mit seiner ganz »eigenen Art/Heimathafen«, man setzt Fähigkeiten ein, die man gut beherrscht. Christoph Thomann sprach 1988 in seinem Modell zur Erklärung von zwischenmenschlichen Beziehungen von Nähe, Distanz, Dauer und Wechsel als Pole von Beziehungen.

1. **Distanzmenschen** verlassen sich in Konfliktsituationen gerne ausschließlich auf sich selbst. Sie ziehen sich zurück, entwickeln Lösungen und »tauchen« erst wieder auf, wenn sie die Sache endgültig bereinigen können oder wollen.
2. **Nähemenschen** scharen lieber andere Leute um sich und bitten um Hilfe. Aber auch die Strategien der Konfliktlösung entsprechen der »eigenen Art«/Heimathafen«.
3. Ein **Dauermensch** verlässt sich gern auf das, was er kennt und schon immer gemacht hat. Er sucht die Lösung in der Verbesserung.
4. Der **Wechselmensch** geht gern eher neue Wege, improvisiert und ist kreativ.

Machen Sie sich vorweg die Konfliktsituationen, Ihre typischen Konfliktauslöser und die Ihres Konfliktpartners bewusst (damit Sie nicht unnötig Öl ins Feuer gießen). Ziehen Sie in Erwägung, dass der eigentliche Auslöser nicht der wahre Grund des Konflikts ist. Vielleicht liegt er gerade bei einem Ihrer persönlichen Druckauslöser? Evtl. sind Sie noch sehr unsicher in Ihrer neuen Rolle und betrachten jede Kritik als persönlichen Angriff? Oder fürchten Sie, noch nicht das Vertrauen Ihrer Mitarbeiter zu haben, obwohl Sie doch so viel dafür tun (Ihrer Meinung nach) – und werden nun »unverschuldet« kritisiert?

Prüfen Sie, wie Sie und Ihr Gegenüber sich im Konflikt bisher verhalten haben. Liegt etwa ein typisches Muster vor? Reagieren Sie auf Kritik immer sofort mit Aggression, weil Sie glauben, sich sonst nicht durchsetzen zu können? Ist Ihr Kontrahent ärgerlich, weil nicht er die Stelle als PDL bekommen hat? So kommen Sie vom Konflikt weg und können sich stärker auf die Inhalte konzentrieren. Stellen Sie Ihr eigenes Konfliktverhalten auf den Prüfstand und verändern Sie Ihre Muster, wird sich vermutlich auch der Konfliktpartner Ihnen gegenüber anders verhalten. Planen Sie das Gespräch gründlich und gehen Sie es organisiert an:

- Suchen Sie sich eine günstige Gelegenheit für ein Gespräch.
- Benennen Sie das Thema Ihrer Meinungsverschiedenheit und fragen Sie Ihren Konfliktpartner, ob er die Sache ebenso kritisch sieht. Ist dies nicht der Fall, reicht es aus, dass Sie ein Problem haben.
- Vereinbaren Sie, dass jeder seine Sichtweise darstellt.
- Lenken Sie nach diesen Darstellungen die Suche auf die Unterschiedlichkeiten: Worin unterscheiden sich ihre Sichtweisen wirklich? Was genau verstehen Sie anders als Ihr Gegenüber? Welche unterschiedlichen Ziele haben Sie? Versuchen Sie anschließend, die Gründe dafür zu analysieren (Nicht aufgeben! Wenn Ihnen dieser Schritt gelingt, sind Sie schon gut weitergekommen!)
- Klären sie miteinander, ob auf beiden Seiten die Bereitschaft besteht, von der bisherigen Position abzurücken. Gibt es hier keine Veränderungsbereitschaft, wird es auch keine Vereinbarung geben. Das Beharren auf Standpunkten hatten Sie ja schon erfolglos miteinander ausprobiert ...
- Suchen Sie gemeinsam nach einer Lösung. Achten Sie darauf, dass jeder sein Gesicht wahren kann.

- Vereinbaren sie einen Zeitpunkt, zu dem sie die Lösung gemeinsam überprüfen werden. Treffen sie sich aber nicht erst wieder, wenn etwas schief gegangen ist, sondern nutzen Sie die Situationen, in denen Sie wohlwollend nachsteuern können.
- Sorgen Sie für ein konfliktfreies Umfeld. Natürlich gibt es auch Konflikte, die sich nicht auf Anhieb lösen lassen. Wenn etwa das Interesse fehlt, weil ein Partner deutlich mehr Vorteile aus der Aufrechterhaltung des Konflikts zieht als der andere. Oder einer der Beteiligten aus objektiv nachvollziehbaren Gründen nicht nachgeben will.
- Wenn der Konfliktpartner auf seinem Standpunkt beharrt, hilft nur die Einschaltung eines Vermittlers oder eine Entscheidung des Vorgesetzten.

Doch schlimmer ist es, wenn eine Konfliktpartei prinzipiell nicht bereit ist, Konflikte auszuhandeln. Diese Art der Konfliktunfähigkeit kommt in Unternehmen gar nicht so selten vor. Oft zeigt sich dies in einem Betriebsklima, wo Vorgesetzte Konflikte unter den Teppich kehren, extrem formalistisch und/oder patriarchalisch (aggressiv-dominant) agieren. Dann werden Konflikte nicht gelöst, sondern ausgesessen oder dirigistisch »beseitigt«.

Tipp

Schaffen Sie in Ihrem Umfeld ein konfliktfreundliches Klima. Auseinandersetzungen sollten ebenso selbstverständlich und konstruktiv behandelt werden wie Kritik und Anerkennung. Dazu können Sie beitragen, indem Sie Kritik als eine Form des Feedbacks ansehen. Eine gute Feedback-Kultur im Unternehmen wird die Konfliktfähigkeit aller Mitarbeiter und Vorgesetzten verbessern.

4.7.5 Stärken Sie die Beziehungen zu Ihren Mitarbeitern

Ihre Mitarbeiter sind keine Maschinen, keine Kostenstellen und keine Lohnsklaven. Es sind Menschen. Punkt.

Wir haben den Punkt »Vertrauen« schon in Kapitel 4.7.1 angesprochen, wollen ihn hier aber noch einmal betonen. Das Vertrauen Ihrer Mitarbeiter müssen Sie sich ständig neu verdienen – auch das ist eine Führungsaufgabe. Hier ist Ihre Aufgabenliste dafür:

- Halten Sie persönlichen Kontakt zu Ihren Mitarbeitern, indem Sie ab und zu nach deren Befinden und Erlebnissen fragen. Erkundigen Sie sich nach der Familie, den Kindern, den Hobbys. Zeigen Sie selbst Offenheit und erzählen Sie auch etwas von sich. Übertragen Sie Aufträge persönlich, nicht nur schriftlich.
- Hören Sie aufmerksam und interessiert zu. Schaffen Sie eine vertrauensvolle und wertschätzende Atmosphäre. Zeigen Sie Ihren Mitarbeitern, dass Sie sich Informationen wie Vorlieben, Hobbys, Familie und geplante Aktivitäten gemerkt haben, z. B.: »Sie wollten doch letzte Woche in dieses neue Kaufhaus, hat es Ihnen dort gefallen? Haben Sie etwas Schönes für sich gefunden?«
- Spiegeln Sie die Stimmungen oder Mimik wider, wie z. B. »Sie strahlen ja richtig!« – »Was ist passiert?«, oder: »Sie machen heute aber einen niedergeschlagenen Eindruck, kann ich etwas für Sie tun?«
- Geben Sie dem anderen die Gelegenheit, über seine Gefühle zu sprechen und machen Sie das nicht mal eben schnell auf dem Flur: »Kommen Sie mal mit, setzen Sie sich erst mal. Wollen Sie mir erzählen, was vorgefallen ist?«

4.7.6 Von Eisbergen und vier Ohren

Wenn Sie Ihren Umgang und Ihre Einstellung zu Fehlern verändern bzw. verbessern, werden Sie sich auch durch Kritik nicht mehr so schnell aus der Bahn werfen lassen. Doch damit Sie konstruktiv mit Kritik umgehen können, kommt es auch darauf an, genau herauszufinden, was Ihnen Ihr Kritiker sagen will. Nach Friedemann Schulz von Thun enthält jede Nachricht – also auch eine an Sie gerichtete Kritik – vier Ebenen:

1. Sachebene
2. Appellebene
3. Beziehungsebene
4. Selbstoffenbarungsebene

In jeder Botschaft, die gesprochen wird, sind alle Aspekte vorhanden. Aber wir alle hören jeweils auf einer Ebene besonders gut. Genau das macht Kommunikation so schwierig. So können Sie die Sachinformation »Die Pflegedokumentation ist hier nicht vollständig« so hören:

1. Sachebene: Es fehlt etwas.
2. Appellebene: Du hast etwas vergessen!
3. Beziehungsebene: Ich arbeite nicht gern mit Dir, weil Du immer etwas vergisst.
4. Selbstoffenbarungsebene: Ich bin total genervt, weil immer mir diese Fehler auffallen!

Ein etwas einfacheres Modell ist das des Eisberges, bei dem bekanntlich der größte Teil unterhalb der Oberfläche ruht, also nicht sichtbar ist. Wir sehen nur einen kleinen Teil – das ist die Sachebene. Der weitaus größere Teil bleibt unserem Auge verborgen – das ist die Beziehungsebene. So müssen Sie sich bei jeder Anfrage eines Mitarbeiters fragen: Was sagt er und was meint er damit eigentlich?

Tipp

Formulieren Sie klar, sachlich und verbindlich. Das ist die Sachebene. Aber formulieren Sie auch wertschätzend, freundlich und auf Augenhöhe. Das ist die Beziehungsebene. Behandeln Sie niemanden von oben herab, spielen Sie nicht Ihre Macht aus – die haben Sie ja sowieso. (Genauso wie die Verantwortung …)

4.8 Unterschätzen Sie Gefühle nicht

Der Mensch als rein rationales Vernunftwesen ist ein überholtes Modell. Wir sind nicht nur Verstand. Wir sind nicht nur rein rational. Wir sind ebenso abhängig von unseren Affekten oder einfacher gesagt: unseren Gefühlen. Wir handeln durchaus oft aus dem »Bauch heraus«. Menschen haben völlig unterschiedliche Gefühlswelten. Das liegt daran, dass wir Emotionen unterschiedlich erleben und handhaben. Wir unterscheiden uns darin, wie viel Wert wir Gefühlen beimessen und wie gut wir gelernt haben, sie zu erkennen und mit ihnen umzugehen. Jeder von uns hat Gefühle. Diese sind elementar, ob es uns passt oder nicht:

- Gefühle geben uns in neuen Situationen Orientierung, sodass wir schneller reagieren können.
- Gefühle unterstützen unseren Verstand durch wertvolle Informationen.
- Gefühle mobilisieren Energie und schaffen Handlungsimpulse.
- Gefühle helfen beim Planen und Einschätzen von künftigen Szenarien, z. B.: »Werde ich mich an meinem neuen Arbeitsplatz wohlfühlen?«
- Gefühle lenken unsere Entscheidungen.
- Gefühle informieren uns über das, was wir mit unserem Verhalten bei anderen Menschen auslösen.
- Gefühle helfen uns, Situationen und Menschen besser einzuschätzen.

»Der Hirnforscher Gerhard Roth von der Universität Bremen drückt es noch radikaler aus: Nicht die Vernunft lenke primär unser Handeln, sondern Affekte und Emotionen.«[14]

Damit Sie Ihre Gefühle in Ihrem Alltag steuern und auch nutzen können, müssen Sie sie überhaupt wahrnehmen. Sie müssen Ihre Aufmerksamkeit nach innen richten und sich fragen, was Ihnen Ihr Inneres gerade sagen will. Je besser Sie Ihre Gefühle kennen, umso schneller werden Sie eine Antwort geben und adäquat handeln können.

[14] https://www.dasgehirn.info/denken/emotion/verstand-gegen-gefuehl [Zugriff am 18. 11. 2020]

Gefühle setzen Handlungen in Gang. Sie sind Impuls- und Richtungsgeber. Wirklich stimmige Entscheidungen können wir oft erst durch die Auswertung unserer Emotionen treffen. Emotionen geben uns Orientierung und liefern uns wertvolle Informationen für unser Handeln. Gleichzeitig lassen sich Emotionen – wenn wir es zulassen oder heraufbeschwören – bewusst hervorrufen und steuern. Wir sind Ihnen nicht hilflos ausgeliefert!

Fazit **Auch Ihre Mitarbeiter haben Gefühle!**

... ständig, bewusst und unbewusst! Und diese Gefühle sind durchaus entscheidend für den Erfolg Ihres gesamten Unternehmens. Werten Sie also Emotionen nicht ab, drängen Sie nicht auf Sachentscheidungen, wenn ein Mitarbeiter auf der Gefühlsebene nicht mitgehen kann. Fragen Sie nach, wenn ein Mitarbeiter eine Arbeit nicht nach Ihren Wünschen erfüllt. Ist er überfordert oder schlicht unwillig? Im ersten Falle braucht er Unterstützung, im letzteren eine klare Ansage über die Grundeinstellung zur Arbeit.

4.8.1 Wie sehen Sie sich selbst?

Sie möchten andere besser einschätzen können und weniger das eigene Verhalten hinterfragen? Eine Selbsteinschätzung kann helfen:

- klarer die Unterschiede zwischen Menschen zu erkennen (Wenn Sie wissen, was Ihre Persönlichkeit ausmacht);
- besser zu verstehen, warum Sie mit manchen Personen besser und mit anderen weniger gut oder gar nicht auskommen;
- das eigene Verhalten auch als Anlass für die Reaktion Ihres Gegenübers bzw. Ihr Gegenüber als Auslöser für Ihr eigenes Verhalten zu betrachten;
- Ihre eigenen Stärken und Schwächen zu erkennen und damit auch Rücksicht und Verständnis für die Defizite anderer zu entwickeln;
- zu wissen, wann eine Verhaltensanpassung Ihrerseits empfehlenswert ist und wann es auch ohne geht.

Tipp
Eine realistische Selbsteinschätzung hilft, Ihre eigene Persönlichkeit in der Interaktion mit anderen Menschen besser zu verstehen und Ihr Handeln klarer auszurichten. Im Internet finden Sie z. B. unter www.karrierebibel.de einige kostenlose Fragebögen, die Ihnen durchaus Hinweise geben können.

4.9 Mitarbeiter als soziale Netzwerker

Sie stellen nie nur eine Person ein, sondern immer auch das gesamte soziale Netzwerk Ihres neuen Mitarbeiters. Die Generation Y sieht ihre sozialen Netzwerke primär als Kanäle für den Kompetenzaustausch, die Lösungen von Problemen und als Plattform für den Austausch von Erfahrungen und Meinungen über frühere, gegenwärtige und potenzielle Arbeitgeber. Das soziale Netzwerk ist damit eine zentrale Ressource für die persönliche Entwicklung und für die Karriereplanung oftmals wichtiger als der Arbeitgeber. Die Meinung der Masse aus dem Netz ist wichtiger als die der Kollegen oder Familie.

Die Sozialisierungsmuster der Generation Y unterscheiden sich deutlich von denen früherer Generationen. Diese Unterschiede können Generationskonflikte auslösen, wie schon Generationen zuvor. Es ist daher sehr wichtig, dass Sie als Führungskraft verstehen, wie junge Mitarbeiter sozialisiert sind und welche Auswirkungen das auf das jeweilige Arbeitsumfeld hat. Generation Y-Menschen hinterlassen manchmal den Eindruck, weniger mit Kollegen zu tun zu haben als frühere Generationen. Sie wirken oft distanzierter, häufig auch desinteressierter. Obwohl beides nicht stimmen muss.

Soziale Netzwerke sind sehr wichtig, um die Arbeit gut durchführen zu können. Freunde, sogenannte Alumni-Kontakte (= einheitliche Gruppe, Absolventen einer Hochschule, Internatsschüler etc.[15]), vorherige Kollegen etc. sind immer öfter Quellen von wichtigen Informationen, während der Chef seltener gefragt wird. Wenn der vorhandene Wettbewerb intensiv ist, könnte diese zunehmende Art der Kontaktaufnahme und Informationssuche zur Effektivität und Effizienz beitragen.

Es ist viel leichter geworden, den Job zu wechseln, wenn man mit der vorhandenen Arbeit oder den Kollegen, respektive Chef nicht mehr zufrieden ist. Umgekehrt gilt auch, dass die Zufriedenheit mit dem Job höher wird, wenn im Netzwerk positiv über den vorhandenen Arbeitsplatz gechattet wird.

Hier wird gerade im Pflegebereich deutlich, wie wichtig die positive Lobby ist. Es braucht gute Mitarbeiter, die das Marketing für die Einrichtung, für das Unternehmen, durch z. B. Postings in ihren privaten Netzwerken unterstützen.

Ein Beispiel: Eine PDL aus Schwerin hatte im Haus keine Fachkraftprobleme, und das gänzlich ohne Werbung und zu Zeiten, in denen die Nachbareinrichtungen unter Fachkraftmangel zu leiden hatten. Der Grund: Sie war die einzige, die auf Facebook, Twitter und Co. vertreten war, Gruppen pflegte und mit ihren Mitarbeitern vernetzt war. Keine Besetzungsprobleme durch Onlinenetzwerk oder nur Zufall?[16]

---

15 www.alumni.uni-stuttgart.de [Zugriff am 2.8.2017]

16 Vgl. Perment A. (2013): Die GenerationY. Mitarbeiter der Zukunft motivieren, integrieren, führen. Gabler Verlag, Wiesbaden

5 Organisieren Sie Ihre Arbeit

5.1 Schritt 1: Sehen Sie genau hin: Was läuft gut bzw. nicht gut?

Wenn Sie gerade eine neue Stelle antreten wollen, brauchen Sie zunächst vor allem eines: Informationen. Es gibt unterschiedliche Quellen, die Sie hier mit wichtigen Informationen versorgen:

- Sprechen Sie mit dem Teams.
- Machen Sie sich mit den Teamstrukturen vertraut.
- Begleiten Sie die Arbeitsabläufe.
- Überprüfen Sie Rollen und Funktionen.

Sicherlich haben Sie schnell ein Bauchgefühl und können rasch sagen, wo es gut bzw. nicht gut läuft. Doch diesem Bauchgefühl sollten Sie, ebenso wie dem »ersten Eindruck«, nicht einfach strikt vertrauen. Gehen Sie in die Offensive. Sprechen Sie Ihre (neuen) Mitarbeiter direkt an. Gerade wenn Sie neu sind, kann es sein, dass Sie z. B. einige Arbeitsabläufe ungewöhnlich finden. Vielleicht kommt Ihnen Einiges unbekannt oder gar widersinnig vor.

Wenn Sie direkt nachfragen, können Ihnen die Mitarbeiter in der Regel sagen, warum sie dieses oder jenes genauso machen wie sie es tun. Im schlechtesten Fall hat ein Mitarbeiter keine vernünftige Antwort parat, außer einem »Das haben wir schon immer so gemacht« oder »Das hat man mir so gesagt.« Diese Antworten sind gar nicht so schlecht, wie Sie vielleicht glauben. Sie verraten Ihnen durchaus etwas: nämlich das Wissen um Arbeitsabläufe, Strukturen, Hierarchien etc.

Wenn Sie den Kontakt mit den Teams suchen, schaffen Sie eine Atmosphäre, in der es leicht ist, sich mit Ihnen zu unterhalten. Seien Sie gerade in der ersten Zeit sehr präsent und gesprächsbereit bei den Mitarbeitern. Die einen wird es vielleicht nerven, andere finden es toll und »bombardieren« Sie mit Fragen, Anmerkungen, Anregungen und Wünschen.

Damit Sie in dieser Phase mehr Sicherheit gewinnen (und Behauptungen überprüfen können), ist eine engmaschige Kommunikation z. B. mit Vorgesetzten oder Funktionsbereichen wichtig.

Mitarbeiter spielen gerne Führungskräfte gegeneinander aus. Das ist an sich nicht tragisch, eher menschlich. Sie als Führungskraft müssen das aber mitbekommen und einordnen können.

Wenn Sie die Teamstruktur erkannt haben, werden Sie merken, dass es Ihnen allmählich leichter fällt, Situationen und Aktionen einzuschätzen. Außerdem lernen Sie Schritt für Schritt die einzelnen Mitarbeiter kennen.

Welche Charaktere finden Sie in Ihren Teams? Wer hat »den Hut auf«? Wer ist eher eine informelle Führungskraft?

Schauen und hören Sie hin und stellen Sie sich z. B. folgende Fragen:

- Wer bespricht sich mit wem?
- Wie spricht das Team miteinander?
- Wie verlaufen die Übergaben?
- Wie ist die Stimmung?
- Wie laufen Teamsitzungen ab?

Als neue Pflegedienstleitung macht es auch Sinn, sich in der Arbeit selbst zu üben. Fahren Sie die Tour selbst, arbeiten Sie selbst ein paar Schichten mit. Stellen Sie sich auch hier Fragen:

- Was und wie arbeitet der Früh-, Spät- und Nachtdienst?
- Wie ist die Tour aufgeteilt? Was ist gut, was könnte verbessert werden?
- Wo und wie unterstützt das Betreuungsteam die Pflege bzw. die Bewohner?
- Welche Schnittstellen gibt es? Was läuft dabei gut, welche Probleme tauchen auf?
- Welche Aufgaben haben die Betreuungsmitarbeiter und wie gestalten sie ihre Arbeit?
- Gibt es Ehrenamtliche? Haben Sie sie schon kennengelernt?

Laden Sie doch die Ehrenamtlichen z. B. zu einer gemütlichen »Kaffeerunde« ein, damit Sie sich persönlich vorstellen können.

Tipp
Nehmen Sie jede Gruppe und Schnittstelle in Ihrer Einrichtung sehr ernst. Geben Sie den Menschen die Gelegenheit, Sie persönlich kennen zu lernen. Und: Informieren Sie sich vorher über die Gepflogenheiten der Gruppen. So tappen Sie nicht sofort in jedes Fettnäpfchen.

5.2 Schritt 2: So gehen Sie mit den Erwartungen anderer um

Mit Ihrer neuen Führungsaufgabe sind unterschiedliche Erwartungen verbunden. Ihre Vorgesetzten erwarten z. B. Entscheidungen, die Ihr Vorgänger/Ihre Vorgängerin nicht getroffen hat, oder die Umsetzung bestimmter Maßnahmen, die bereits beschlossen, aber nicht realisiert wurden etc.

Ihre Mitarbeiter erwarten Führung. So banal das klingt, aber die meisten Menschen brauchen klare Strukturen und einen »Vorarbeiter«. Andere halten an ihren Pfründen fest. Wieder andere wünschen sich, dass Sie bestimmte Missstände beenden oder Absprachen früherer Zeiten einhalten usw.

Ihre Kunden wünschen sich, dass Sie besser machen, was vorher nicht lief oder belassen, was aus deren Sicht nicht geändert werden muss. Jeder möchte in seiner Wohlfühlzone bleiben und wünscht keine Änderungen.

Wenn es um den Umgang mit den Erwartungen anderer geht, hilft nur eines: Klären Sie die Hoffnungen und Erwartungen, die Ihre Vorgesetzten, gleichrangigen Kollegen und Mitarbeiter in Sie setzen. Fragen Sie aktiv danach und lassen Sie die Aussagen begründen:

- Was erwartet Ihr Gegenüber konkret? Messbare Kriterien sollten ausgearbeitet werden, ohne weiche Formulierungen wie »gut, besser, anders«.
- Fragen Sie, warum dieses oder jenes umgesetzt werden sollte und wem es dient. Auch hier können Sie die Ergebnisse messen.
- Fragen Sie, ob es bereits Gedanken zur Umsetzung gibt, an die Sie anknüpfen können.

Innerhalb dieser unterschiedlichen Erwartungen, Hoffnungen oder Befürchtungen brauchen Sie schnellstmöglich eine sichere Orientierung und Struktur. Machen Sie eine kurze Selbstprüfung:

- Wo stehen Sie in dieser Organisation?
- Was für ein Typ sind Sie? Sind Sie Reformator, Verwalter, kreativer Chaot oder Wiedervorlage-Liebhaber?
- Welche Strukturen liegen Ihnen?
- Was für ein Leistungstyp sind Sie?
- Kennen Sie Ihren Biorhythmus, Ihre besten und Ihre schlechtesten Tageszeiten?

Tipp

Nutzen Sie das »Kofferraum-Pack-Prinzip«: Die größten und schwersten Koffer kommen ganz nach unten. Gestalten Sie Ihren Kalender, Ihre Woche, Ihre Termine nach Ihren »leistungsfähigsten« Zeiten. Wenn Sie wissen, dass Sie morgens zwischen 9:00 und 11:00 Uhr am leistungsfähigsten sind, packen Sie die wichtigsten und schwierigsten Termine in diese Zeiten.
Planen Sie immer Ihre Arbeitswoche im Voraus. So schaffen Sie sich Struktur, Überblick und Erfolge. Fokussiertes Arbeiten kann man trainieren. Gerade am Anfang ist es gut, auch Pausen zu planen, um sich nicht zu übernehmen.

5.3 Schritt 3: So grenzen Sie sich ab

Wer sich abgrenzen will, muss sich zunächst einmal positionieren. Sie brauchen einen festen Stand, klare Grenzen und ebenso klare (d. h. messbare) Ziele. Mit Aussagen wie »Es muss besser werden« ist weder Ihnen noch Ihrem Team klar, wann ein Ziel erreicht sein soll und Sie rennen im Zweifel einer Illusion hinterher.

Das können Sie für Ihre Abgrenzung tun:

- Stellen Sie für sich klar, welche der aufgestellten Erwartungen Sie erfüllen können/wollen, und welche nicht und warum.
- Versuchen Sie nicht, allen Erwartungen gleichermaßen gerecht zu werden.

Sie gewinnen an Respekt und Glaubwürdigkeit, wenn Sie sich gegenüber einigen Forderungen verweigern. Beispiel: Dienstplanwünsche bestimmter Mitarbeiter, die nur gewisse Dienste leisten wollen, was Sie Ihnen aber nicht so zusichern können.

Setzen Sie dem Heimleiter, der Vollbelegung will, Grenzen, wenn klar ist, dass bestimmte Pflegebedürftige nicht gut gepflegt werden, weil Ihre Teams keine Erfahrung mit dem Krankheitsbild haben. Stoppen Sie den Geschäftsführer eines ambulanten Dienstes, der höhere Umsätze erwartet, aber keinen Cent in Marketing und Mitarbeiterpflege stecken möchte.

Tipp

Sagen Sie klar, warum Sie bestimmte Erwartungen nicht erfüllen wollen oder können. Aber nennen Sie auch Alternativen. Ein simples »Nein« oder »Geht nicht« ist unprofessionell und schürt beim Gegenüber sofort Skepsis an Ihrer Person.

Um bei den Beispielen zu bleiben: Sie können durchaus Dienstplanwünsche entgegennehmen, aber Sie müssen realistischerweise darauf hinweisen, dass Sie nicht alle erfüllen können. Und Sie werden ziemlich schnell in die ungünstige Situation kommen, dass niemand so recht zufrieden ist.

Eine Lösung für das ewige Dilemma »Dienstplan« wäre ein Rahmendienstplan. Gut geeignet ist etwa *»ein Rollplan fürs gesamte Jahr: ein wiederkehrender Ablauf im Plan, wann Dienst und wann Frei ist – für alle Mitarbeiter, außer den Springern. Es wäre sinnvoll, sich von Monatsdienstplänen zu verabschieden und beispielsweise 4-, 6- oder 12-Wochen-Pläne zu schreiben.*

Der wesentliche Vorteil: Man hat immer ganze Wochen, muss nie wegen der Sollarbeitszeit hin- und herrechnen – der Plan wiederholt sich einfach.«[17]

Beispiel »Pflegekräfte und unbekannte Krankheitsbilder«: Sie können Nein sagen und ein »noch nicht« hinzusetzen. Dann aber müssen Sie sich flugs darum kümmern, dass Ihre Mitarbeiter geschult werden.

---

[17] König J & Raiß M (2020). Dienstplangestaltung – Was Pflegekräfte wissen müssen. 2. Akt. Aufl. Schlütersche Verlagsgesellschaft Hannover: S. 79

Tipp

Beim uneinsichtigen Geschäftsführer können Sie nur mit Zahlen und Daten punkten. Wenn Sie nachweisen, wie viel Sie schaffen können, wenn Sie neue Mitarbeiter oder motiviertere Mitarbeiter hätten, könnten Sie punkten!

5.4 Schritt 4: Fordern Sie rechtzeitig Unterstützung an

Wenn Ihre Vorgesetzten besonders anspruchsvolle Ziele und Erwartungen formulieren, sollten Sie rechtzeitig Unterstützung einfordern. Lassen Sie Ihre Auftraggeber nicht in dem Glauben, dass Sie Wunder in Serie vollbringen können, wo eventuell andere bereits den Beweis angetreten haben, dass genau diese Forderung des Chefs nicht so einfach umzusetzen ist.

Fordern Ihre Mitarbeiter eine Umstellung der Dienstzeiten, des Dienstplans oder andere das Team oder die Arbeitsabläufe betreffende Dinge, so fordern Sie auch Unterstützung vom Team ein. Denn wenn Sie die Wünsche eines Mitarbeiters realisieren wollen, muss er mindestens an anderer Stelle nachgeben, damit Sie seinen Wunsch realisieren können. Es geht wie so oft im Leben eben nur mit Geben **und** Nehmen.

Das sollten Sie bei neuen Aufgaben immer tun:

- Vereinbaren Sie Prioritäten in der Be- und Abarbeitung.
- Einigen Sie sich auf Prioritäten, wenn Sie vor lauter Herausforderungen nicht mehr wissen, wo genau Sie beginnen sollen.

Tipp
Setzen Sie immer Prioritäten. Vor allem aber, wenn Sie in eine kriselnde Einrichtung wechseln, wenn vor Ihnen bereits ein reger Wechsel in der PDL-Funktion stattfand, wenn Sie ein schweres Erbe antreten oder eine neue Einrichtung begleiten.

5.5 Schritt 5: Entwickeln Sie Führungskompetenz

Diese Forderung haben wir schon in Kapitel 1.7 aufgestellt – und sie ist wichtig: Klären Sie Ihr eigenes Führungskonzept, sobald Sie Ihre Vorgesetzten, Kollegen, Mitarbeiter, Ihr Aufgabenportfolio und die Erwartungen einigermaßen kennen.

Seien Sie stets ehrlich sich selbst gegenüber. Selbstbeobachtung ist eine prima Sache, um sich optimal auf die nächste Herausforderung einzustellen. Noch wirkungsvoller wird sie, wenn Sie dabei ehrlich sind.

Die meisten Menschen zeigen die rigorose Tendenz, ihre Fehlhandlungen oder Unterlassungen zu verharmlosen, zu beschönigen oder mit den Fehlern anderer zu entschuldigen. Das ist verständlich, aber im Zusammenhang mit einer Stärkung der Führungskompetenz nicht zielführend.
Bei diesem »sich selbst gegenüber ehrlich sein« geht es nicht darum, sich überkritisch selbst zu zerfleischen oder mit Selbstvorwürfen zu quälen. Es geht vielmehr darum, Sachverhalte und Konsequenzen besser zu verstehen und beim Namen zu nennen. Daraus zu lernen und sich die Motivation zu holen, es beim nächsten Mal anders und besser zu machen – das ist das Ziel.

Klären Sie Ihr Handeln, stellen Sie sich z. B. die folgenden Fragen:
- Worin könnten die allgemeinen Gründe liegen, warum Sie immer wieder in die gleiche Falle tappen?

- Warum können Sie bei bestimmten Dingen, auch wenn Sie wissen, dass es schief geht, nicht nein sagen?
- Warum bürden Sie sich mehr auf, als Sie zu leisten vermögen?
- Was ist der Grund für Ihre fehlende Entscheidungsfreude?
- Weshalb lassen Sie bestimmte Arbeiten liegen und hoffen, sie erledigen sich von selbst, obwohl Sie wissen, dass das nicht stimmt?

Je genauer Sie sich kennenlernen, umso mehr wächst Ihre Führungskompetenz. Sie werden vielleicht schnell feststellen, dass Sie allein diese Aufgabe gar nicht lösen können. Wie wäre es also, wenn Sie einen Coach engagieren und sich in der ersten Zeit sozusagen an die Hand nehmen lassen? Führung ist ein einsames Geschäft und gerade, wenn Sie aus den Reihen der Mitarbeiter aufgestiegen sind, haben Sie Ihre alten Ansprechpartner verloren. Die erwarten jetzt keine Klagen von Ihnen, sondern Führung!

Dazu gehört eine Reihe von Aspekten, die Sie beherzigen müssen:
1. Eine situationsgerechte Kommunikation
2. Feedback an die Mitarbeiter
3. Fortbildungs- und Weiterentwicklungsmöglichkeiten für Ihre Mitarbeiter (und für Sie!)

Die große Freiheit gibt es für Führungskräfte eher nicht. Tatsächlich sind Führungskräfte von ihren Mitarbeitern abhängig: deren Motivation, deren Einsatzfreude und deren Kompetenz bestimmen maßgeblich den Gesamterfolg. Es gehört auch zu einer kompetenten Führungskraft, dass sie die Stärken der Mitarbeiter aktiviert und ihre Leistungen erhöht. Schwächen müssen kompensiert werden (organisatorisch oder personell).

Führen heißt nicht bestimmen. Wenn Sie bestimmen, müssen Ihnen alle Mitarbeiter folgen. Wenn Sie sie führen, folgen sie Ihnen freiwillig. Vorausgesetzt: Die Ziele sind gemeinsam definiert, erreichbar und mit klaren Schritten unterlegt.

5.6 Schritt 6: Lernen Sie, nein zu sagen

Jede Führungskraft, die ernsthaft mit sich ins Gericht geht, kennt ihre Stärken, aber auch ihre Schwächen. Gerade im Pflegebereich ist u. a. das Neinsagen mitunter ein schwieriges Unterfangen. Sicher fragen Sie sich, wie Sie Nein sagen können, sodass es von Ihren Vorgesetzten, Kollegen und Mitarbeitern akzeptiert werden kann und nicht als Abfuhr oder Desinteresse gewertet wird.

Übung – Das Rollenspiel

Machen Sie mit Freunden oder Bekannten ein kleines Rollenspiel. Wählen Sie eine beispielhafte Situation aus Ihrem (Berufs-) Alltag, in der Sie künftig tatsächlich ein klares Nein sagen wollen. In einem solchen Rollenspiel können Sie in Ruhe überlegen und sich eine Strategie mit guten Gründen für Ihre Absage zurechtlegen.

Leider gibt es viele Situationen, in denen uns andere Leute – teils auch ohne triftigen Grund – Zeit rauben. Vielleicht will Ihr alter Kollege nur mal ein »Schwätzchen« halten, weil er gerade Zeit hat. Oder Sie sollen für andere etwas erledigen, was eigentlich nicht Ihre Aufgabe ist. Dagegen müssen Sie ankämpfen.

Natürlich wollen und sollen Sie Zeit haben, wenn jemand etwas Wichtiges von Ihnen will oder Ihre Hilfe braucht. Doch Hilfsbereitschaft findet ihre Grenze, wenn ein anderer Sie nur für seine Ziele einspannt. Oder wenn Sie vor lauter Hilfsbereitschaft nicht mehr zu Ihren Aufgaben kommen. Wenn Sie nur noch Ja und nicht mehr Nein sagen, werden Sie keine Zeit mehr finden, um Ihre eigenen Vorhaben und Ziele zu verwirklichen. Das Wörtchen Nein ist somit am Ende das zeitsparendste Wort, das es gibt. Seien Sie mutig.

Sagen Sie bewusst Nein, wenn jemand etwas von Ihnen will, das Sie im Moment blockiert. Wenn es die Sache wert ist, machen Sie einen Termin aus, um das Gewünschte zu erfüllen. Aber üben Sie vorher, Ihr Nein so rüberzubringen, dass es niemanden verletzt. Dies geschieht am einfachsten, indem Sie Ihrem Gegenüber signalisieren, dass Sie Interesse an seinen Zielen haben, aber ihm gleichzeitig erklären, dass Ihre jetzige Aufgabenstellung Ihr Engagement nicht (mehr) oder zumindest im Moment nicht zulässt.

Tipp
Eine Faustregel im Zeitmanagement lautet: Nein sagen, wenn möglich. Ja sagen, wenn nötig! Für jedes Nein sollten Sie einen guten Grund haben und auch nennen können.

5.7 Schritt 7: Planen Sie Ihre Zeit, sonst tun das andere

Eine Leitungskraft muss sich selbst die Zeit einteilen. Leider sind nicht alle Leitungskräfte geborene Zeitmanager. Gerade in der Pflege sticht fehlendes Zeitmanagement ins Auge.

Verplanen Sie nur 70 Prozent Ihrer Arbeitszeit und lassen Sie 30 Prozent der Zeit frei, damit Sie auf Unvorhergesehenes reagieren können. Wenn Sie Ihren Tag nicht planen, werden Sie durch den Tag getrieben, ohne Plan und Ziel. Sie sind immer ansprechbar und lösen alles, was gerade anfällt. Das nennen wir Chaosmanagement: Wir regeln alles, wie es kommt. Aber der Berg der unerledigten Dinge wird immer höher. Die Welle, die Sie von hinten einzuholen droht, wird immer höher.

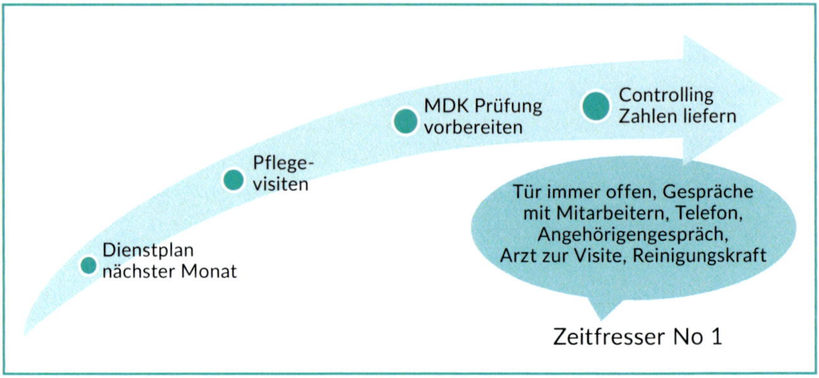

Abb. 2: Die Zeitfresser, die Sie kennen sollten.

Tipp

Planen Sie Ihre Woche voraus. Überprüfen Sie Ihre Termintreue. Schauen Sie, was Sie am Ende eines Tages gemacht haben und was nicht. Seien Sie ehrlich bei der Frage, warum gewisse Dinge heute nicht geklappt haben. Wer will, findet ehrliche Antworten, ohne Wille bleibt es bei guten Ausreden.

Wie schon das Nein zur rechten Zeit, ist auch das eigene Zeitmanagement wichtig, um effizient zu sein. Effizient sein bedeutet: »Die Dinge richtig zu tun.« Und zwar so, dass Sie in der geplanten Zeit zu einem möglichst guten Ergebnis kommen. Das erreichen Sie, indem Sie notwendige Tätigkeiten durch Optimierung der Arbeitsschritte so gut und schnell wie möglich ausführen.

5.7.1 Setzen Sie Prioritäten

Prioritäten setzen heißt, dass Sie sich täglich neu für das entscheiden, was Sie vor allem anderen erledigen wollen oder müssen, um Ihre Ziele zu erreichen.

Das Paretoprinzip, benannt nach Vilfredo Pareto (1848–1923), auch Pareto-Effekt oder 80-zu-20-Regel genannt[18]. Diese Regel stellt die grobe These auf, dass wir 80 Prozent der Ergebnisse mit 20 Prozent des Gesamtaufwandes erreicht werden. Die Kernbotschaften[19] sind:

- 20 Prozent deiner Mitarbeiter sind für 80 Prozent des Gewinnes verantwortlich.
- In 20 Prozent der Zeit erledigt man 80 Prozent seiner Aufgaben.

Natürlich sind die beiden Zahlen »80« und »20« grobe Anhaltspunkte, aber tatsächlich hat das Pareto-Prinzip schon etwas für sich. Allerdings müssen Sie dazu Prioritäten setzen – denn nur dann können Sie sicher sein, dass Sie die wichtigen 80 Prozent der Aufgaben auch tatsächlich in nur 20 Prozent Ihrer Arbeitszeit erledigen können.

Das Eisenhower-Prinzip[20] hilft Ihnen, Ihre Arbeiten systematisch nach Priorität anzugehen. Dazu müssen Sie Ihre Aufgaben nach zwei Kriterien beurteilen:

1. Ist die Aufgabe wichtig? (Müssen Sie diese Aufgabe zuerst lösen, weil Sie nur dann Ihr Ziel erreichen?)
2. Ist die Aufgabe dringend? (Müssen Sie diese Aufgabe bis zu einem bestimmten Termin erledigt haben?)

Wichtige Aufgaben bringen Sie Ihren Zielen, die Sie gemeinsam mit Ihrem Team definiert haben näher. Ihre wichtigen Aufgaben dürfen niemals aufgeschoben werden, um weniger wichtigen Dingen den Vorrang zu geben.

---

18 Vgl. www.pareto-prinzip.net/ [Zugriff am 18. 11. 2020]

19 Ebd.

20 Vgl. Büntemeyer L (2020): Eisenhower-Prinzip. So finden Sie Zeit für das, was wirklich wichtig ist. https://www.impulse.de/management/selbstmanagement-erfolg/eisenhower-prinzip/3558243.html?conversion=ads [Zugriff am 18. 11. 2020]

Dringende Aufgaben erfordern Ihre unmittelbare Aufmerksamkeit, haben aber keinen großen Einfluss auf Ihre Ziele.
Leider haben wir alle eine Tendenz, zuerst die Nebensächlichkeiten anzugehen. Die auf dem Schreibtisch liegenden Drucksachen, ein Schreiben, ein Telefonanruf, eine Bitte eines Kollegen oder Mitarbeiters sind oft viel verlockender als das seit Tagen verschobene entscheidende Projekt oder Konzept. Insgeheim stehlen wir uns selbst die Zeit für wichtige Dinge, indem wir uns vorgaukeln, dies oder jenes noch »eben schnell« zu erledigen. Um es mit Seneca zu sagen: »Es ist nicht wenig Zeit, die wir haben, sondern es ist viel Zeit, die wir nicht nutzen.«

Das Eisenhower-Prinzip kombiniert beide Kriterien – wichtig und dringend –, sodass vier Prioritätsklassen entstehen. Für Ihre Planung müssen Sie alle anstehenden Aufgaben analysieren und einordnen. So bekommen Sie eine Rangfolge, was wann und wie abzuarbeiten ist.

Die Eisenhower-Rangfolge

1. **A-Priorität:** Das sind Aufgaben, die rasch von Ihnen erledigt werden müssen, weil sie dringend und wichtig sind (z. B. Krisen wie Dienstplanausfall). Das sind Dinge, die auch nur begrenzt delegiert werden können.
2. **B-Priorität:** Aufgaben, die wichtig sind, aber nicht unbedingt heute und von Ihnen erledigt werden müssen. Nehmen Sie sich regelmäßig Zeit für die Bearbeitung Ihrer B-Aufgaben und setzen Sie sich dafür Termine. B-Aufgaben bringen Sie Ihren Zielen näher. Oft werden B-Aufgaben auf die lange Bank geschoben, weil sie nicht dringend sind. Doch eine frühzeitige Erledigung Ihrer B-Aufgaben lässt manches Problem gar nicht erst entstehen.
3. **C-Priorität:** Aufgaben, die anscheinend dringend sind, aber nicht wichtig. Hier gilt: Ruhig bleiben und womöglich delegieren oder Nein sagen. Damit gewinnen Sie Zeit für Ihre wichtigen B-Aufgaben, die sonst untergehen.

4. **D-Prioritäten:** Das sind Aufgaben, die für Sie weder wichtig noch dringend sind, ggf. aber für andere, die Ihnen diese Arbeit aufbürden und die deren eigenes Problem gern zu Ihrem machen möchten. Lassen Sie sich nicht vor den Karren spannen. Wenn es um Termine und Aufgaben geht, sagen Sie entweder ab oder delegieren sie. Entscheiden Sie sich höchstens bewusst und zeitlich begrenzt für die D-Aufgaben.

So gehen Sie vor:
Um sich in diesen Aufgaben und der Zuordnung der Dringlichkeit zu üben, schauen Sie Ihren Kalender an. Wie oben beschrieben sollten Sie wenigstens 70 Prozent Ihrer täglichen Arbeitszeit bereits im Kalender verplant haben, die restlichen 30 Prozent Ihrer Zeit sind für Unvorhersehbares reserviert. Das gilt gerade am Anfang, wenn Sie sich in Ihrer Führungsrolle noch üben müssen, das Tagesgeschäft noch nicht locker von der Hand geht, die Prioritäten und die Unterscheidung in dringende und wichtige Aufgaben noch nicht im Schlaf gelingt.

Während des Tages können Sie Ihren morgens schon zu 70 Prozent gefüllten Kalender vervollständigen – mit all jenen Aufgaben die Sie zwischendurch, nebenher und unverhofft auch noch übernehmen wollen.

Nehmen Sie sich jeden Abend fünf Minuten Zeit. Lassen Sie Ihren Tag Revue passieren, indem Sie hinter jede Ihrer Tätigkeiten des Tages einen Buchstaben setzen:

A: Konnte nur von mir, jetzt und heute erledigt werden.
B: Musste heute gemacht werden, hätte aber auch ein anderer machen können.
C: Musste nicht von mir oder nicht jetzt gemacht werden.
D: Da habe ich mich vor den Karren anderer spannen lassen.

Nach einer Woche sind Sie vielleicht erschrocken, wie viele C- und D-Aufgaben Sie bewältigt haben und wie viele Aufgaben, die Sie sich vor einer Woche in den Kalender schrieben, dafür unbearbeitet verschoben wurden ... Aber bleiben Sie dran! Sie sind auf dem richtigen Weg!

Durch diese tägliche Analyse trennen Sie immer leichter und schneller die Spreu vom Weizen. Denken Sie daran: Wichtigkeit und Dringlichkeit sind grundverschieden. Wichtiges bringt Sie Ihrem Ziel näher, ohne aktuell dringend zu sein. Dringendes erfordert hingegen Ihre unmittelbare Aufmerksamkeit.

Beachten Sie auch die Vorfahrtsregel: Wichtigkeit geht vor Dringlichkeit. Nicht alles, was eilig ist, muss auch wirklich von Ihnen erledigt werden. Nur so schaffen Sie es, sich nicht länger dem Diktat der Dringlichkeit zu unterwerfen. Die Gefahr besteht darin, sich in zu vielen dringlichen, aber relativ unwichtigen Aktivitäten zu verzetteln.

So sollte Ihre Zeitplanung aussehen:

- Versuchen Sie immer an der Nummer 1 Ihrer Aufgaben, Ihren A-Aufgaben zu arbeiten, nicht an der Nummer 3 oder 4, ganz egal, wie viel Spaß diese Aufgaben machen. Wenn Sie mit Ihrer A-Aufgabe am Ende des Tages nicht fertig geworden sind, machen Sie am nächsten Tag weiter. Machen Sie vorher nichts anderes.
- Arbeiten Sie jeden Tag an einer langfristigen B-Aufgabe. Sie müssen neben Ihrem Tagesgeschäft auch an die »strategisch« wichtigen Aufgaben und Ziele denken. Nur so verursachen Sie bereits heute Ihre Erfolge von morgen.
- Machen Sie sich klar, dass Sie nie genug Zeit haben werden, um all das zu tun, was Sie alles tun könnten und was andere gern von Ihnen hätten.
- Sorgen Sie dafür, dass Sie Ihre Zeit nutzen, um das zu tun, was Ihnen am wichtigsten ist und was Sie Ihren Zielen näherbringt. Die Zeit dafür können Sie nur dadurch gewinnen, dass Sie Nein zu den unwichtigeren Dingen sagen und C- und D-Aufgaben hinter sich lassen.[21]

---

[21] Vgl. Proske HR. (2015): Richtig priorisieren. Haufe Verlag, Freiburg

5.7.2 Legen Sie Ziele fest

Ziele motivieren. Klare Ziele helfen, herausragende Ergebnisse zu erreichen. Nur wenn Sie wissen, wo genau Sie hinwollen, können Sie den Weg dorthin festlegen und sofort die ersten Schritte in die richtige Richtung gehen.

Ziele machen erfolgreich. Wenn Sie beginnen, sich zuerst kleine, einfache, aber erreichbare Ziele zu setzen, so können Sie den Weg zum Erfolg festlegen. Wenn Sie das Ziel schließlich erreichen, stärkt dieses Erfolgserlebnis Ihr Selbstvertrauen. Sie fühlen sich motiviert, erhalten neue Energie. Sie bekommen Lust darauf, sich weitere Ziele zu setzen, die Sie nun ein kleines bisschen höher stecken können.

Tipp
Stecken Sie sich die Ziele am Anfang nicht zu hoch. Sie sollen sich schon etwas anstrengen müssen, um Ihr Ziel zu erreichen, aber es muss machbar sein. Versuchen Sie es doch für den Anfang mit der Eisenhower-Prioritäten-Liste.

Es ist belegt, dass klare, schriftlich festgelegte Ziele Erfolg bringen. Eine in den USA regelmäßig durchgeführte Langzeitstudie der Harvard University zum Thema »Werdegang von Studienabgängern über einen sehr langen Zeitraum« zeigt folgende Resultate[22]:

- 83 Prozent der Studienabgänger hatten keine Zielsetzung für ihre Karriere. Ihr durchschnittliches Gehalt wurde als Vergleichsgrundlage herangezogen.
- 14 Prozent hatten klare Zielsetzungen für ihre Karriere, hatten sie aber nicht schriftlich festgelegt. Sie verdienten im Schnitt dreimal so viel wie die erste Gruppe.

[22] Miller B (2011): Harvard-Studie beweist: Ziele sollten Sie unbedingt schriftlich fixieren. https://www.business-netz.com/Selbstmanagement/Ziele-schriftlich-fixieren [Zugriff am 18. 11. 2020]

- 3 Prozent hatten klare Zielsetzungen für ihre Karriere und diese auch schriftlich festgelegt. Sie verdienten im Schnitt zehnmal so viel wie die erste Gruppe.

Die Harvard-Ziel-Studie macht noch einen weiteren Aspekt deutlich: Schriftlichkeit zwingt zu gedanklicher Klarheit. Wer seine Gedanken nur im Kopf hat, und meint, dies sei ein Ziel, der irrt!

Ziele setzen will gelernt sein. Sie brauchen kurzfristige Ziele, um zu wissen, was Sie heute tun. Sie brauchen langfristige Ziele, um Ihren kurz- und mittelfristigen Zielen Kontinuität sowie Bedeutung und Ihrem Leben eine Richtung zu geben.

So gehen Sie vor:

- Behalten Sie Ihre Ziele nicht nur im Kopf. Schreiben Sie sie auf, am besten in ein Zielplanbuch. Arbeiten Sie daran, eine ausgewogene Zeiteinteilung und Balance für alle Lebensbereiche zu erreichen.
- Konzentrieren Sie sich zu jeder Zeit auf Ihre Ziele. Fragen Sie sich: »Hilft mir das, was ich gerade tue, um meinen Zielen einen Schritt näher zu kommen und diese zu erreichen?« Wenn nicht, wechseln Sie zu einer anderen Aktivität, die Sie wirklich weiterbringt.
- Packen Sie jeden Tag zumindest ein wichtiges Ziel an. Hören Sie nicht auf, bevor dieses Tagesziel erreicht ist. So entwickeln Sie in kurzer Zeit die Gewohnheit, Ziele nicht nur zu setzen, sondern auch zu erreichen.
- Machen Sie auch Ihre Tagesziele transparent und messbar. Dazu gehört auch der hier schon öfter erwähnte Kalender, der Ihnen täglich Ihre Aufgaben vor Augen hält, aber auch am Ende eines Tages zeigt, was Sie geschafft haben.
- Suchen Sie neue Wege zu Ihrem Ziel, wenn Sie aus der Bahn geworfen wurden oder feststellen müssen, dass Sie Fehler in Ihrem Plan hatten.

5.7.3 Gewinnen Sie Ihre Mitarbeiter für Ihre Ziele

Es geht darum, Führung auf die wesentlichen Elemente zu reduzieren: Handeln und Kommunizieren. Das sind die Grundlagen des Arbeitens mit Menschen. Wenn Sie möchten, dass ein Mensch sein Verhalten oder seine Arbeitsweise ändert, so verändern Sie zunächst sich und Ihre Art und Weise:

- Seien Sie klar in Ihren Anforderungen.
- Geben Sie Zeitrahmen und Ziel bekannt.
- Handeln Sie nach dem Motto »Geben und Nehmen«.
- Erkennen und benennen Sie die Stärken Ihrer Mitarbeiter.
- Loben Sie Ihre Mitarbeiter.

Wir nennen diese Schlagworte auch die drei kleinen »f« für

- führen (klar benennen, wo es lang geht)
- fo(e)rdern (verlangen Sie etwas, aber fördern Sie dabei auch)
- feedback (jeder will auf Geleistetes einen immateriellen Lohn, Lob)

Seien Sie bei allem, was Sie fordern, respektvoll und wertschätzend. Sich selbst und den Menschen gegenüber, die Sie führen und die Ihren Ziele sowie Vorgaben folgen sollen.

Menschen bringen immer dann besonders gute Resultate hervor, sobald ihnen eine Sache Freude bereitet. Das gilt für Sie und die Menschen, die Sie führen. Erwarten Sie freundliche Menschen, die mit Ihren Kunden, Besuchern, Kooperationspartnern, Angehörigen etc. freundlich umgehen? Dann gehen Sie Ihrerseits mit diesen Menschen freundlich um.

Je schneller Sie realisieren, dass es im Rahmen von Führung um das Erkennen menschlichen Verhaltens und die adäquate Reaktion darauf geht, umso eher ist es einerlei, auf welcher Stufe diese Menschen in der jeweiligen Organisation stehen.

Im Wort Führungskraft stecken zwei einzelne Begriffe: Führung und Kraft. Rein physisch ist immer dann Kraft notwendig, sobald Sie etwas bewegen. Im übertragenen Sinne auch, sobald Sie einen Menschen dazu bewegen möchten, etwas zu tun oder zu lassen.

Beachten Sie die alten Regel: Was Sie sagen ist nicht zwingend das, was andere hören.

Wahrnehmung ist unterschiedlich und kann zu Missverständnissen führen. Wie lösen Sie das Dilemma? Mit so viel klarer Kommunikation wie möglich, gemeinsam geteilten Regeln, die so einfach sind, dass alle diese verstehen und mittragen können. Außerdem müssen Sie eindeutig handeln. Ihr Tun muss zu Ihrer Kommunikation passen. Sie schaffen also durch verbindliche Kommunikation über das, was Sie tun, Klarheit und Orientierung.

Erfüllen Sie durch Taten die Erwartungen, die Sie durch Ihre Kommunikation geschürt haben. Je schneller Sie Klarheit schaffen, desto schneller bilden Sie Konventionen und Regeln, die es Ihren Mitarbeitern leicht machen, zusammenzuarbeiten. Kalkulierbare Führung macht es den Menschen einfach, ihr zu folgen.

Vielleicht kennen Sie noch den Chef alten Schlages, der mit Druck, Kasernenhofton und null Toleranz den Mitarbeitern klarmachte, wer hier das Sagen hat. Nicht selten zahlen Menschen dies mit Missgunst, Respektlosigkeit und Geringschätzung, also mit gleicher Münze, zurück.

Jede Führungskraft bekommt auf Dauer die Mitarbeiter, die sie verdient. Nicht heute und nicht morgen, aber in 1,5 bis zwei Jahren ernten Sie, was Sie gesät haben. Oder mit anderen Worten: Sind Sie respektvoll und wertschätzend, werden die Mitarbeiter, die Sie führen, dies ebenfalls sein. Loben Sie Ihre Mitarbeiter, wenn es angebracht ist, werden diese Sie loben.

Ein praktisches Beispiel: Wenn Sie um 13:00 Uhr einen Termin mit einem Mitarbeiter haben, heißt das, dass Sie auch um 13:00 Uhr Zeit für diesen Mitarbeiter haben und ihn nicht warten lassen oder wegen anderer Dinge diesen Termin zu verschieben.

Ein weiteres Beispiel: Sobald ein Mitarbeiter zu Ihnen kommt, nehmen Sie sich Zeit oder vereinbaren Sie einen anderen Termin, falls es gerade nicht passt. Wenn Sie dann mit dem Menschen sprechen, gehört Ihre volle Aufmerksamkeit ihm. Vielleicht wechseln Sie den Sitzplatz, kommen hinter

Ihrem Schreibtisch hervor. Setzen Sie sich seitlich zur Person, als deutliches Signal, jetzt für den anderen da zu sein. Respektieren Sie die Zeitplanung anderer Menschen, halten Sie Verabredungen verbindlich ein.

Nehmen Sie Ihr Gegenüber aufmerksam wahr und schenken Sie ihm volle und ungeteilte Aufmerksamkeit und Konzentration. Geben Sie das Telefon ab oder lassen Sie Gespräche auf den Anrufbeantworter laufen.

6 Die Erwartungen Ihres Arbeitgeber/Trägers erfüllen

Die Erwartungen Ihrer Vorgesetzten lassen sich auf eine einfache Formel bringen: Erfolgreich sein und das Unternehmen nach vorn bringen. Ihre Vorgesetzten möchten, dass Sie als Führungskraft nachhaltig erfolgreich sind.

Hierzu sollten Sie vorab die Hierarchien kennen und ggf. dann auch nutzen können. Informieren Sie sich über die Anforderungen an Ihre Stelle, über die Stellenbeschreibung und die Anforderungen an Ihre Person. Lernen Sie schnellstmöglich die Abläufe im Betrieb kennen. (Denken Sie an Kapitel 2 und 3).

Was macht nun eine gute Führungskraft aus und wie können Sie glänzen? Es sollte Ihnen als guter Führungskraft gelingen,

- mit einer Vision Aufmerksamkeit zu erzielen;
- Identifikation zu vermitteln durch Kommunikation;
- eine eigene Position einzunehmen und damit Vertrauen zu erwerben;
- sich selbst und anderen die Entfaltung der Persönlichkeit zu ermöglichen;
- Neugierde beim Gegenüber zu wecken.

Um dieses Verhalten, diese Kompetenzen aus- und aufbauen zu können, braucht es Zeit und Ausdauer.

6.1 Diese Kompetenzen brauchen Sie

Als Führungskraft haben Sie strategische und operative Aufgaben. Sie müssen dafür Sorge tragen, dass diese auch dauerhaft umgesetzt werden. Aus diesen drei Kernaufgaben erschließen sich direkt drei Basis-Kompetenzen, die Sie benötigen:

1. Strategische Kompetenz
   Sie können die aktuelle Situation analysieren und daraus Ziele für Ihren Verantwortungsbereich definieren. Sie können diese Ziele Ihren Mitarbeitern kommunizieren und sie davon überzeugen, dass es die richtigen Ziele und Visionen sind.
2. Operative Kompetenz
   Sie können sich bei Ihren Mitarbeitern im Tagesgeschäft Akzeptanz verschaffen und sie dazu motivieren, ihr Verhalten so auszurichten, dass gemeinsame Ziele erreicht werden. Sie können die Wege zu den Zielen in einen Plan umsetzen und diesen organisieren.
3. Nachhaltende Kompetenz
   Sie haben die Überzeugungskraft, auch solche Mitarbeiter zu zielorientiertem Verhalten anzuregen, die zunächst keine Einsicht, Bereitschaft, Akzeptanz oder Motivation zeigen. Sie können unliebsame Entscheidungen im Zweifelsfall auch gegen Widerstand durchsetzen.

Bei allen Problemen und Prozessen, die in Arbeitsgruppen und Teamsitzungen besprochen werden, ist es wichtig darauf zu achten, worum es eigentlich geht. Haben Sie noch die Kunden im Blick oder sind Sie nur noch auf sich und Ihre eigenen Themen fokussiert? Völlige »Innenorientierung« verhindert den Weitblick für die Unternehmensziele Belegung, Erlöse und Wachstum. Wie präsentieren Sie sich mit Ihren Ideen und Umsetzungen nach außen?

Ihre Aufgabe im Führungsbereich muss sein, den richtigen Platz im Kopf des Klienten zu besetzen. Dann sind Umsatzsteigerung, Erträge und gute Marktstellungen schon fast unausweichliche Folgeerscheinungen. Gerade heute ist das Empfehlungsmarketing (Mund-zu-Mund-Propaganda) unabdingbar. Zufriedene Klienten und Angehörige sowie Mitarbeiter multiplizieren und kommunizieren die Werbebotschaften und führen zum potenziellen Neukunden. Sie kennen das: Tue Gutes und sprich darüber!

Geben Sie sich und der Einrichtung Zeit, sich an neue Gegebenheiten (Ziele, Prozessabläufe und Strukturen) anzupassen. Aber haben Sie dabei immer das Unternehmensziel und Ihre Ziele vor Augen.[23]

6.2 Diese Kommunikationsstruktur hilft Ihnen weiter

6.2.1 Sie sind die neue PDL – mit neuen Ideen

Jeder neue Vorgesetzte ist für die Mitarbeiter erst einmal ein unbeschriebenes Blatt. Das gilt selbst dann, wenn der Neue aus der eigenen Reihe zum Chef gemacht wurde. Schließlich wissen auch die Mitarbeiter zunächst nicht, mit welchen neuen Ideen, Plänen, Zielen und möglicherweise konkreten Vorhaben der ehemalige Kollege als neue Führungskraft antreten wird.

Neu berufene Führungskräfte machen allzu oft den Fehler, unausgesprochene Fragen und Befürchtungen der Mitarbeiter auszuklammern. Eine Unterlassung, die sich später oft rächt, weil die Beantwortung dieser Fragen für die Motivation und Identifikation der Mitarbeiter zentral ist.

Tipp

Wenn Sie wissen, was Ihre Mitarbeiter bewegt, können Sie dies in Ihre Überlegungen und Planungen einbeziehen. Ihr Ziel sollte dabei nicht sein, jeden Wunsch der Mitarbeiter zu erfüllen oder jede Befürchtung von vornherein kategorisch auszuräumen. Aber Sie müssen Wünsche und Befürchtungen kennen!

[23] Vgl. Frey U (2016): Vertrauen durch Strategie. Strategien im KMU einfach entwickeln und damit Vertrauen schaffen. Springer, Wiesbaden sowie Haller 2015

In einem Fernseh-Interview[24] gab Jens Weidner, Professor für Erziehungswissenschaften und Kriminologie an der Hochschule für angewandte Wissenschaften, 2017einen sehr interessanten Tipp, den Sie als für Führungskraft beherzigen sollten:

- Beherzigen Sie das Motto »above average« (= über dem Durchschnitt), wenn Sie neue Ziele anstreben. Gehen Sie davon aus, dass Sie besser sind als der Durchschnitt und Sie genau deshalb Erfolg haben werden.

Wenn Sie etwas Neues einführen möchten oder Zielvorgaben des Unternehmens umsetzen müssen und daher eine Neuausrichtung nötig wird, ist offene Kommunikation der Erwartungen und Ziele das Unerlässliche:

- Kommunizieren Sie diese Ziele offen Ihren Mitarbeitern und lassen Sie sie auch wissen, wie der Weg dahin aussehen wird. Wenn die Mitarbeiter verstehen, was, warum, weshalb, wie und wann eingeleitet werden soll, schaffen Sie Transparenz. Damit erhöhen Sie die Bereitschaft der Mitarbeiter, diesen neuen Weg auch aktiv mitzugehen.
- Räumen Sie Ihren Mitarbeitern ein gewisses Mitspracherecht ein. Das gilt auch für die Festlegung der Ziele. Je mehr Sie die Mitarbeiter mit einbinden, desto mehr commitment können Sie erwarten.
- Achten Sie darauf, Ihre Ziele auf das alltägliche Tun Ihrer Mitarbeiter runterzubrechen. Das bedeutet, dass Sie ein übergeordnetes Ziel wie z. B. »Steigerung der Kundenzufriedenheit« in kleinen Schritten anstreben.
- Arbeiten Sie grundsätzlich so wenig wie möglich und nur so viel wie nötig in Gruppen! Werden Sie nicht zum Gegner von Teamarbeit, setzen Sie aber dieses Instrument von Arbeitsgruppen sparsam und gezielt ein. Es ist wichtig, Mitarbeiter mit einzubeziehen, aber nicht bei jeder sich bietenden Gelegenheit. Zu häufige Sitzungen mit viel zu vielen Teilnehmern führen nicht schneller oder effektiver zum Ziel.

Die Frage lautet also nicht: Welche Aufgaben kann einer Arbeitsgruppe, einem Team übertragen werden? Sondern: Muss diese Aufgabe unbedingt durch ein eventuell sogar noch bereichsübergreifendes Team gelöst werden? Besser noch wäre die Frage: Kann diese Aufgabe gar nicht anders gelöst werden?

[24] Für die Sendung »Norddeutschland und die Welt«

Nur dann ist es sinnvoll, diese Aufgabe außerhalb der bestehenden täglichen Arbeitsabläufe als eigenständiges Projekt zu organisieren und mehrere Personen zu beteiligen.[25]

6.2.2 Teamarbeit ist gut – aber nur mit klaren Vorgaben

Überlegen Sie sich im Vorfeld, ob Teamarbeit für eine bestimmte Aufgabe einen Mehrwert bringt. Wählen Sie überlegt aus, welche Mitarbeiter Sie in Ihr Team holen. Beachten Sie dabei, dass es nicht nur inhaltliche Experten, sondern auch Personen braucht, die andere wichtige Funktionen ausüben (z. B. Kreative, Meinungsbildner, Umsetzer, Querdenker usw.).

Nehmen Sie sich Zeit für die Teamarbeit. Geben Sie Ihren Teammitgliedern die Möglichkeit, Ihre Ansichten einzubringen. Beobachten Sie die Stimmung im Team (z. B. durch ein regelmäßiges Blitzlicht) und nehmen Sie Konflikte ernst.

Organisieren Sie die Kommunikation im Team: wann, wie oft und wer trifft sich?

Klären Sie die Rollen im Team und machen Sie Erwartungshaltungen transparent.

Ihre Erwartung muss sein, dass es zu jeder Sitzung ein Protokoll mit ZDF (Zahlen, Daten, Fakten) gibt, soll heißen »Wer macht was bis wann«?

[25] http://www.business-netz.com/Selbstmanagement/Ziele-schriftlich-fixieren

6.3 Scheitern gehört zum Handwerk

Scheitern gehört zu unserem Leben. Jeder, der sich schon mal etwas vorgenommen hat, kennt das. Entweder war das Ziel zu hochgesteckt, die Aufgabe nicht klar, gar nicht lösbar oder Beteiligte machten ihren Job nicht. Was auch immer der Grund für das Scheitern war – stagnieren und resignieren Sie nicht, analysieren Sie!

- Erkennen Sie: Was mache ich beim nächsten Mal anders?/Woran hat es gelegen?
- Tauschen Sie sich mit Vorgesetzen aus.
- Unterteilen Sie das Projekt in kleinere Aufgabenpakete.
- Verändern Sie Ihren Blickwinkel/Standpunkt.
- Starten Sie neu durch!

Fehler nicht bei sich zu suchen, ist falsch und unrealistisch. Aber Vorsicht: unreflektiert streng mit sich zu sein, ist auch kontraproduktiv. Zumal es noch eine weitere negative psychische Wirkung hat: Wenn Sie sich mit Schuldzuweisungen und Versagensvorwürfen überhäufen, können Sie ganz bestimmt nicht motiviert und zuversichtlich an die Bewältigung Ihrer Aufgaben herangehen. Woher sollten Sie auch die Zuversicht nehmen, wenn Sie sich als einen unfähigen Fehlermacher sehen? Übermäßige Selbstkritik führt über kurz oder lang zu Demotivation.

Die Lösung ist der gesunde Umgang mit Fehlern. Jemand, der nicht in der Kategorie von Schuld und Scharm denkt, kann in der Regel viel freier auf sein eigenes Handeln schauen. Für ihn sind Fehler nichts Furchtbares, und Versagen keine Schande. Dementsprechend wird es ihn nicht demotivieren, wenn etwas mal nicht geklappt hat. Er kann viel leichter Verantwortung für sein Handeln übernehmen und damit aus möglichen Fehlern lernen. Sie haben also gute Gründe, den Irrweg der harten Selbstkritik und Selbstgeißelung zu verlassen.

Die Art und Weise, wie Sie über ein Vorhaben denken, bestimmt in hohem Maße die Energie, mit der Sie z. B. an ein Projekt herangehen. Die Mentaltechnik dieses positiven Denkens entstand in der zweiten Hälfte des 19. Jahrhunderts aus den geistigen Anstößen, vor allem von Ralph Waldo

Emerson, einem amerikanischen Philosophen. Das Grundprinzip ist denkbar einfach: »Glaube ganz fest daran, dass du dein Ziel erreichst und du wirst es erreichen.«

Das funktioniert häufig deshalb, weil Menschen, die fest an Erfolg glauben, sich eher und mit mehr Nachdruck auf den Weg zu ihrem Ziel machen als »Ungläubige«. Hinzu kommt: Wer von seinem Erfolg überzeugt ist, wird viel Selbstvertrauen ausstrahlen. Und die Menschen mit spürbarem Selbstvertrauen überzeugen andere leichter und können sie somit besser als Unterstützer für ihre Ideen gewinnen. Denken Sie noch einmal über das Motto »above average« nach, dass wir Ihnen in Kapitel 6.2.1 gezeigt haben.

Es gibt allerdings auch einen Haken am positiven Denken: »Wer glaubt, etwas zu können, muss dazu noch lange nicht tatsächlich fähig sein!«[26] Aber Sie haben ja schon durch Ihre Ausbildung bewiesen, dass Sie durchaus in der Lage sind, Ihren Job zu machen. Die Basis steht und Führungskraft wird man nun mal nicht in einem einzigen Tag. Sie haben alle Grund dazu, optimistisch zu sein.

6.3.1 Stärken Sie Ihre Zuversicht

Zuversicht gehört zu den wichtigen Voraussetzungen, sich überhaupt auf den Weg zum Ziel zu machen. Nur wer erwartet, es tatsächlich zu erreichen, wird auch losmarschieren.

Je größer die Zuversicht, desto mehr Energie und Kraft werden Sie mobilisieren, um es tatsächlich bis ins Ziel zu schaffen und sich auch auf dem Weg dorthin nicht von Widrigkeiten ablenken zu lassen. Malen Sie sich Ihr Ziel in den schönsten Farben aus:

---

[26] Vgl. Emerson WR (2015): Selbständigkeit und andere Essays. marix Verlag, Wiesbaden

- Stellen Sie sich vor, Sie haben Ihr Ziel erreicht: Wie großartig fühlen Sie sich dann?
- Welche Probleme, Mangelsituationen, Belastungen werden dann hinter Ihnen liegen?
- Was wird alles angenehmer, schöner, reicher, besser für Sie werden?

Stellen Sie sich dieses Positive mit allen Sinnen und so intensiv wie möglich vor. Fühlen Sie das damit einhergehende Glücksgefühl und die sich ausbreitende Befriedigung bereits jetzt. Freuen Sie sich darauf, jetzt sofort das zu tun, was Sie Ihrem Ziel näherbringt

Lassen Sie sich solchermaßen von Ihren Gefühlen leiten, wird es Ihnen leichter fallen, tatsächlich das Nötige zu tun, selbst wenn es gerade unbequem ist.

Schwanken Sie in Ihrer Zuversicht, schauen Sie sich die Menschen in Ihrer Umgebung einmal genauer an. Gibt es welche, die ähnliches geschafft haben wie Sie? Sind das alles Menschen mit außerordentlichen Begabungen? Herausragenden Fähigkeiten? Bestechender Intelligenz? Emotionaler Wucht? Wahrscheinlich nicht, oder? Dann spricht doch alles dafür, zu sagen: »Wenn die das geschafft haben, dann schaffe ich das auch!«

Lob, Anerkennung und Schulterklopfen sind hervorragende Motivatoren. Sobald Sie merken, dass viele Menschen in Ihrer Umgebung gut finden, was Sie tun, und es vielleicht sogar noch unterstützen, setzt dies zusätzliche Energie in Ihnen frei und erhöhen Ihre Zuversicht, das Ziel zu erreichen.

Tummeln sich in Ihrer Umgebung nur Menschen, die sich für Ihr Tun überhaupt nicht interessieren, oder nur herumnörgeln und Sie und Ihre Ziele ständig infrage stellen, fällt es Ihnen wahrscheinlich deutlich schwerer, zuversichtlich zu bleiben und mit Elan Ihr Ziel anzusteuern. Haben Sie es hauptsächlich mit solchen Menschen zu tun, hilft nur eines: Grenzen Sie sich ganz bewusst von solchen Menschen ab. Meiden Sie diese, so gut es geht. Lassen Sie sich von Ihnen nicht weiter ausbremsen. Suchen Sie sich stattdessen lieber wohlwollende Menschen, Befürworter, Mitstreiter, Menschen, die Sie anfeuern, Ihnen den Erfolg gönnen, sich mit Ihnen freuen und Sie vielleicht sogar tatkräftig unterstützen.

Tipp

Prüfen Sei genau, ob die Menschen, die Sie künftig meiden wollten, tatsächlich Nörgler sind. Es könnte sich auch um Menschen handeln, die es gut mit Ihnen meinen, und die Sie auf reale Schwierigkeiten und Fallen hinweisen und vorbereiten wollen.*

* Vgl. Stritzelberger R (2015). Selbstmotivation. Haufe Verlag, Freiburg

6.3.2 Lernen Sie, mit Druck umzugehen

Eine wesentliche Voraussetzung, um dem Druck wirksam zu begegnen, besteht darin, dass Sie den Druck spüren und innerlich zulassen, dass er überhaupt da ist. Dazu müssen sie Ihre Gefühle kennen und nicht als unwichtig oder nebensächlich abtun.

Vergessen Sie Körper und Seele nicht. Gerade erfolgsorientierte (nicht nur Männer) glauben, dass Gefühle unangemessene Frauensache seien oder allenfalls in der Zweierbeziehung ihren Platz hätten. Kurzum: Emotionen gehören nicht zur professionellen Arbeit. Doch sollten wir uns klarmachen, dass die Sache so einfach nicht ist: Gefühle hat jeder, und es ist wichtig, sie wahrzunehmen und auch zuzulassen. Eine andere Sache ist, zu entscheiden, wie man mit seinen Gefühlen umgehen will und wie weit man diesen nachgeben muss und soll.

Manche Menschen befürchten, dass alles nur noch schlimmer wird, wenn sie ihr Verhalten verändern. Erkennen Sie Ihre Anteile an der Situation. Nichts ist schlimmer als Druck, dem man ständig ausgesetzt ist und gegen den man sich nicht wehren kann oder will. Oft wird die wichtige Frage »Worin liegen meine eigenen Anteile an der Situation, was habe ich damit zu tun?« gar nicht erst zugelassen.

Doch bedenken Sie: Sie sind immer in irgendeiner Form an der Aufrechthaltung einer Drucksituation beteiligt. Vielleicht, weil Sie eine Mangellage auszugleichen versuchen; vielleicht, weil Sie Angst vor einer Veränderung haben. Wenn Sie herausgefunden haben, dass die eigentlichen Gründe für Ihre Drucksituation nicht (ausschließlich) mit der aktuellen Situation zusammenhängen, können Sie sich neue Verhaltensziele setzen.

7 Kurze Pause – Selbstreflexion

Wenn Sie wissen möchten, wie andere ihre Arbeit und die damit verbundenen Probleme lösen, müssen Sie den Austausch mit ihnen suchen. Versuchen Sie diese besonderen und/oder herausragenden PDLs zu treffen. Schauen Sie sich um: Wo gibt es regionale Treffen, Stammtische, Arbeitskreise, Seminare und Veranstaltungen? Erfahrene Führungskräfte haben überhaupt kein Problem damit, einem weniger erfahrenen Kollegen Tipps zu geben.

Wir möchten Ihnen einige Fragen vorstellen, die sich in der Einarbeitungsphase von neuen Führungskräften bewährt haben. Bitte schreiben Sie Ihre Antworten auf. Es gibt übrigens hier keine Prioritäten-Liste. Sie entscheiden selbst, was wichtig ist und was nicht.

Berufliches

- Was sind meine wichtigsten Aufgaben?
- Wofür werde ich ganz konkret bezahlt?
- Welchen Mehrwert schaffe ich dem Unternehmen?
- Welche Ergebnisse werden von mir erwartet?
- Trägt das, was ich gerade tue, dazu bei?
- Wo möchte ich in zehn Jahren stehen?
- Welche Kollegen haben ähnliche Erfahrungen gemacht?
- Welche Menschen habe oder brauche ich für ein gut funktionierendes Netzwerk?
- Gibt es Schulungsprogramme für neue Mitarbeiter im Unternehmen?

Persönliches

- Was ist mir wirklich, wirklich, wirklich wichtig im Privaten und Persönlichen?
- Welche Themen möchte ich angehen?
- In welchen Bereichen muss ich mich aus meiner Komfortzone begeben?
- Welche Themen gibt es in meinem Leben, für die es sich lohnt, sich voll und ganz einzusetzen, auch wenn es schwierig wird?
- Zu welchen Menschen möchte ich eine bessere Beziehung?
- In welchen Bereichen möchte ich mich entwickeln?
- War ich schon mal beim Lach-Yoga?
- Was tue ich für meine Gesundheit?

7.1 Lernen Sie nicht aus

Jede Führungskraft wird sofort Fortbildung als ein probates Mittel nennen, sich weiterzuentwickeln. Noch unerfahrene Leitungskräfte müssen erst einmal gezielt Fortbildungen aussuchen, die ihre Stärken ausbauen.
Lernen Sie Herausforderungen zu erkennen und Strategien für den Umgang damit zu entwickeln. Suchen Sie dann Fortbildungen aus, die Ihre weniger ausgeprägten Talente bestärken. Darüber hinaus sollten Sie den regelmäßigen Austausch mit Menschen aufnehmen, denen Sie vertrauen und die Ihnen auch direkt etwas sagen dürfen, von denen Sie Kritik gut annehmen können.

Tipp

Erarbeiten Sie klare Ziele für Ihre Weiterentwicklung. Es geht um die Umsetzung Ihrer Werte und Ihrer Grundsätze mit konkreten Ergebnissen. Zunächst für sich, dann für Ihre Mitarbeiter und natürlich Klienten und Unternehmen. Bedenken Sie aber dreierlei:

1. Die Ziele sind erreichbar.
2. Die Ziele sind sinnhaft und konkret formuliert.
3. Die Ziele sind positiv formuliert.

7.2 Zufriedenheit ist Glück und Glück ist lernbar

Ihr (berufliches) Glück und Ihr freier Selbstausdruck sind gesicherter, wenn Sie sich nicht an die Endresultate klammern. Arbeiten Sie auf Ihre Ziele zu, aber lassen Sie sich nicht von ihnen fesseln.

»Die meisten Menschen sind so glücklich, wie sie innerlich beschlossen haben«, sagte Abraham Lincoln. Soll heißen: Ihr Glück wird nicht durch die Ereignisse selbst, sondern durch Ihre Reaktion darauf bestimmt. Glücklich zu sein ist nicht immer leicht! Es kann zu den größten Herausforderungen gehören, denen Sie sich gegenübersehen, und manchmal all Ihre Entschlossenheit, Ausdauer und Selbstdisziplin erfordern. Erwachsen zu sein bedeutet, die Verantwortung für Ihr Glück zu übernehmen und zu beschließen, sich auf das zu konzentrieren, was Sie haben, und nicht auf das, was Ihnen fehlt. Da Sie entscheiden, welche Gedanken Sie denken, haben Sie die Kontrolle über Ihr Glück.

Um glücklich zu sein, müssen Sie sich auf glückliche Gedanken konzentrieren. Wie oft tun Sie jedoch genau das Gegenteil? Wie oft ignorieren Sie Komplimente, die man Ihnen macht, und beschäftigen sich stattdessen noch Wochen später mit einer einzigen in Ihren Ohren unfreundlichen Bemerkung? Wenn Sie einer schlechten Erfahrung oder einer bösen Bemerkung erlauben, Ihre Gedanken zu beschäftigen, werden Sie die Konsequenzen zu tragen haben.

Die Kontrolle über Ihr Denken liegt bei Ihnen. Die meisten Menschen erinnern sich an Komplimente ein paar Minuten, an eine Beleidigung aber jahrelang. Eine Mitarbeiterin sagte einmal: »Ich erinnere mich noch genau, als in meiner Ausbildung meine Anleiterin sagte, ich sei dick und doof!« Alle Komplimente, die ihr seitdem, vielleicht sogar erst gestern gemacht wurden, waren vergessen, den »Müll« von damals schleppt sie aber heute noch mit sich herum und kann sich dessen kaum entledigen.

Tipp

Beschließen Sie jeden Tag damit, sich drei Dinge aufzuzählen, die an diesem Tag gut waren. Das kann eine erfolgreiche Besprechung sein, eine gelungene Prüfung oder einfach ein nettes Gespräch mit einem Klienten oder Angehörigen.

Wenn Sie nachts ins Grübeln kommen, notieren Sie sich die Gedanken kurz auf einem Zettel und »vergessen« Sie sie dann bis zum nächsten Morgen.

7.2.1 Geld macht nicht glücklicher

Diesen Spruch kennen Sie aus dem Privaten und er stimmt in der Arbeitswelt ebenso. In einer Studie wurden Bewerbungsprozesse von 800.000 Unternehmen ausgewertet[27]. Ergebnis: 51,4 Prozent der Bewerber hatten den Wunsch nach flexiblen Arbeitszeiten ganz oben auf der Hitliste, gefolgt von Homeoffice, Firmenwagen, etc. Geld kam relativ weit hinten.

Aber der Wohlfühlfaktor ist nicht allein eine Frage des nice to have. Es gibt messbare Kriterien, was der Wohlfühlfaktor am Arbeitsplatz bewirken kann. Aus der Kununu-Erhebung[28] geht hervor, dass die Arbeitsunfälle um 48 Prozent zurückgehen, Fehlzeiten um 38 Prozent, und die Produktivität um 21 Prozent ansteigt, wenn Arbeitnehmer Freude daran haben, zur Arbeit zu gehen.

Mittlerweile gehören Pflegefachkräfte meist zu den besserverdienenden, zumindest zur Mittelschicht. Dennoch steigt die Zahl der Einnahme von Antidepressiva unter ihnen. So liest man im TK-Gesundheitsreport von

[27] Vgl. Focus Heft 4/19. Hubert Burda Media, Offenburg, S. 24
[28] Ebd. S. 25

2019[29], dass der Verbrauch von Antidepressiva unter Pflegekräften rund 60 Prozent über dem liegt, was der durchschnittliche Berufstätige nimmt.

Tipp
Arbeiten Sie an Beziehungen und an gutem Miteinander, schauen Sie, was Ihre Kollegen wirklich brauchen. Und Geld steht in keinem Fall an vorderster Stelle.

7.3 Gestalten Sie Ihre Beziehungen bewusst

Wie kostbar gute Beziehungen sind, weiß wohl jeder. Auch gute berufliche Beziehungen füllen Ihre Energiespeicher auf. Da Sie als Führungskraft viele, viele Stunden in Ihrer Einrichtung/Ihrem Dienst verbringen, teilen Sie mit Ihren Mitarbeitern, Kollegen, Vorgesetzten und Kunden auch eine gehörige Portion Lebenszeit. Ob Sie diese Zeit als spannend und sinnvoll oder eher als nervenaufreibend, unproduktiv oder gar als Verschwendung auffassen, hat viel mit der Qualität Ihrer (beruflichen) Beziehungen zu tun.

Begegnungen mit Menschen können sowohl stärken und aufbauen als auch aussaugen und lähmen. Eine Ihrer wertvollsten Kompetenzen ist es, Kontakte so zu gestalten, dass sie Ihnen nicht wie ein Klotz am Bein hängen, sondern Sie erfreuen und Ihnen Flügel wachsen lassen.[30]

Es sind kostbare Momente des Lebens, wenn Sie erleben, dass Sie sich nicht allein durch den Alltag kämpfen müssen, sondern im Verbund fliegen. Natürlich bewegen sich Begegnungen innerhalb Ihres Berufs immer im

[29] TK-Gesundheitsreport 2019. https://www.tk.de/presse/themen/praevention/gesundheitsstudien/tk-gesundheitsreport-2019-2042098

[30] Vgl. Stritzelberger 2015

professionellen Rahmen. Sie haben eine andere Gewichtung als private Beziehungen. Dennoch ist die Macht und Kraft eines wirklich guten Teams nicht zu unterschätzen.

> Oft ist es überraschend wenig, was Menschen brauchen, um sich öffnen zu können. Ein wenig Wertschätzung für die geleistete Arbeit, Gespräche auf Augenhöhe, Verständnis für die individuelle Situation, Anerkennung und Respekt.
>
> Schätzen Sie diese Werte, leben Sie sie vor! Das beginnt beim morgendlichen Gruß und der Ansprache mit dem Namen.

Wir freuen uns für jedes Team, das sich diese Aufmerksamkeit untereinander schenken kann. Dieses Team wird zusammenhalten, Stärke beweisen und Schwächen auffangen. Die Lebensfreude wird gemeinsam ansteigen. Wie in einem Pflegeteam muss auch im Führungsteam diese Wertschätzung gelebt werden. Sie müssen aufeinander achten, aufmerksam sein und füreinander einstehen. Das stärkt beide Seiten und entwickelt Vertrauen und Stärke.

Sie sollten stets für den Einfluss der Menschen um Sie herum empfänglich sein und Teil Ihrer alltäglichen Umgebung werden. Niemand ist immun gegen den Einfluss der Umwelt: Freunde, Familie, Arbeitskollegen, Fernsehen, Zeitung, Radio, Bücher und Zeitschriften. Gedanken und Gefühle, Ziele und Handeln werden ständig von allem und allen mitgestaltet, mit denen Sie leben.

Vielleicht kennen auch Sie jemanden, der nach einiger Zeit im Ausland mit einem Akzent zurückkam. Oder einen süßen Sechsjährigen, der unschuldig und naiv die ersten Tage zur Schule zockelte und mit mehr Schimpfwörtern zurückkam als ein durchschnittlicher Jugendlicher? Umwelt färbt ab! Im Guten wie im Schlechten.

Ein Beispiel: Eine neue Mitarbeiterin geht nur einmal in ihrer Schicht zum Rauchen. Mehr Rauchpausen waren auf ihrer alten Arbeitsstelle nicht erlaubt. Eine langjährige Mitarbeiterin dagegen geht während der Schicht mehrmals zum Rauchen hinaus. Es dauert keine zwei Monate, da geht auch die neue Mitarbeiterin mehrmals in der Schicht zum Rauchen hinaus.

An dieser Stelle verweisen wir zunächst auf die Kapitel 5.1 bis 5.7, denn Sie werden all Ihre Kompetenz brauchen, um rauchende und nichtrauchende Kollegen miteinander zu vereinen. Laden Sie zu einer Diskussion ein und hören Sie sich die unterschiedlichen Standpunkte an. Diskutieren Sie sachlich und machen Sie Vorschläge:

1. Rauchen in geschlossenen Räumen ist untersagt, damit niemand durch den Rauch gestört wird. Geraucht werden darf nur draußen, ein schützender Unterstand ist allerdings wichtig.
2. Rauchen ist nur in den Pausen erlaubt, die alle haben. Dazwischen herrscht Rauchverbot.
3. Wenn Raucher darauf pochen, dass sie ihre Rauchpausen brauchen, um mal ein bisschen Erholung zu haben, dann müssen Sie gemeinsam auf die Suche gehen: Warum verspüren Ihre Mitarbeiter solch einen Druck? Stimmt die Arbeitsorganisation nicht? Wie geht es den Nichtrauchern? Sind die auch so unter Druck? Evtl. müssen die Raucher ihre Pausen anders aufteilen, damit sie durch den Tag kommen.

Allein das Thema »Raucherpause« ist ein Prüfstein für die Beziehungen, die Sie in Ihrem Beruf pflegen. Wenn Sie hier autoritär von oben herab bestimmen, dass es keine Raucherpausen mehr gibt, treiben Sie einen Keil zwischen Ihre Teams. Die Auswirkungen (niedrige Motivation etc.) werden nicht lange auf sich warten lassen.

Beteiligen Sie dagegen alle gleichermaßen an der Diskussion und gehen Sie wertschätzend miteinander um (auch Raucher sind Menschen!), erzielen Sie ein gemeinsames Ergebnis. Wenn das bedeutet, dass Sie nun als PDL beim Träger um mehr Personal bitten müssen, haben Sie eine wichtige Aufgabe von Ihrem Team erhalten. Der können und sollten Sie nicht ausweichen.

Tipp

Ein wertschätzender Führungsstil hat einen besonders hohen Einfluss auf die Gesundheit der Beschäftigten. Konkret bewerten diese die Beziehungsqualität besonders gut:*

- wenn sie wissen, wie sie eingeschätzt werden, also Feedback erhalten;
- wenn berufliche und private Bedürfnisse berücksichtigt werden;
- wenn Entwicklungsmöglichkeiten erkannt werden;
- wenn Entscheidungen nachvollziehbar sind.

* Vgl. https://www.bgw-online.de/DE/Arbeitssicherheit-Gesundheitsschutz/Grundlagen-Forschung/Psychologie/Fuehrung-Gesundheit/Projekt-Gesundheitsfoerdernd-fuehren.html [Zugriff am 18.11. 2020]

7.4 Bleiben Sie beweglich und gesund

Als Führungskraft haben Sie einen großen Einfluss auf die Arbeitsfähigkeit Ihrer Mitarbeiter. Kränkelnde Führungskräfte ziehen kränkelnde Mitarbeiter heran und beides kann sich kein Betrieb leisten. Zahlreiche Behörden haben mittlerweile die Auflage erhalten, ein Betriebliches Gesundheitsmanagement einzuführen.[31]

Wir alle wollen gerne so lange wie möglich gesund bleiben. Wir wissen, wenn wir uns gesund verhalten, können wir bestimmten Krankheitsrisiken vorbeugen. Und mittlerweile weiß jedes Schulkind: Ausreichende Bewegung durch Sport oder Freizeitaktivitäten sind ebenso wichtig wie eine vitaminreiche und ausgewogene Ernährung.

---

[31] Vgl. Matyssek AK (2010): Gesund führen – sich und andere. Do care, Norderstedt

Tipp

Als Führungskraft müssen Sie bei sich selbst anfangen, wenn Sie die Gesundheit Ihrer Mitarbeiter fördern wollen. Ihr Verhalten macht den Unterschied. Wenn Sie Sport treiben, auf Ihre Ernährung achten, Ihre Rauchpausen minimieren und vielleicht sogar Yoga-Kurse anbieten (und selbst besuchen), werden Sie zum Vorbild.

8 Die tägliche Arbeit: gut organisiert ist halb geschafft

Vor Jahren noch glaubten erfahrene Führungskräfte, sie müssten alles können und alles tun: von der guten Dokumentationsführung über die kompetente Versorgung demenziell Erkrankter bis zum Medikamentenmanagement. Außerdem glaubten Sie, auch Wundmanager, Ernährungsberater, Inkontinenzbeauftragter, Mitarbeiteranleiter, Ausbilder und vieles mehr sein zu müssen.

Seien wir ehrlich: Keine Führungskraft kann diese vielfältigen Anforderungen wirklich (noch) rundum erfüllen. Sie muss es aber auch nicht! Sie muss aber dafür sorgen, dass ihre Mitarbeiter die notwendigen Kompetenzen entwickeln. Dazu müssen Sie lernen, Schätze zu heben. Jeder Mitarbeiter kann etwas. Aus unserer Erfahrung heraus verteilen sich Mitarbeiter auf drei Gruppen (▶ Abb. 3).

Abb. 3: Mitarbeiter und ihre Einstellungen zur Arbeit.

Diese Abbildung zeigt: Die meisten arbeiten mit. Es gibt aber auch eine kleine Gruppe, die desillusioniert ihren Dienst versieht und eine ebenfalls kleine Gruppe der Zugpferde, auf die Sie sich als Vorgesetzter immer verlassen können.

Diese These soll aber auch verdeutlichen, dass ein solches Verhältnis nicht schlecht ist, denn immerhin 85 Prozent der Beschäftigten gehen in die richtige Richtung. Es bedarf einfach nur einiger weniger Zugpferde, um die Mitarbeitenden in die richtige Richtung antreiben. Dann können die 15 Prozent, die hinten im Wagen sitzen, keinen nennenswerten Schaden anrichten. So werden auch Dauernörgler nicht weit kommen.

Tipp

Schauen Sie sich Ihre Zugpferde an und achten Sie tunlichst darauf, diese nicht zu überfrachten und zu zermürben und ihnen immer noch mehr aufzubürden. Oft sind diese Zugpferde (Wohn-)Bereichsleitung oder Anleiter oder Beauftragte für Spezialaufgaben. Suchen Sie unter den Mitarbeitern und selbst unter den Miesepetern die Perlen. Was fällt dem einen oder anderen Mitarbeiter leicht, worin kann er glänzen, was macht er gut?

Auch wenn Sie auf den ersten Blick sagen: »Ich finde nichts.« Es lohnt ein zweiter und dritter Blick, eine zweite und dritte Chance. Und wenn es noch so kleine Dinge sind und auf den ersten Blick unbedeutende, sie können für den Mitarbeiter und somit für das Team und den Kunden wichtig sein. Es gibt so viel und so vielfältige Arbeit in Ihrem Unternehmen, dass Sie 100 Tätigkeiten herausfiltern können, die getan werden müssen.

Ein Beispiel: In einem ambulanten Dienst gab es einen Mitarbeiter mit Affinität zu Autos. Wenn er auch in der sonstigen Pflege nicht mit herausragenden Leistungen glänzte, so konnte er doch Autos pflegen. Also bekam er den Auftrag jedes Auto einmal die Woche zu fahren und nach dem rechten zu schauen. So erhielt der Mitarbeiter eine Aufgabe, die ihm Freude bereitete, der Pflegedienst hatte jemanden, der sich um die Autos kümmerte und die Kollegen, die wenig Lust auf die Fahrzeugpflege legten, wurden entlastet.

Ein weiteres Beispiel: In einem anderen Betrieb hatte eine stark übergewichtige Kollegin in der direkten Pflege immer Probleme. Sie war nicht so schnell, konnte sich in engen Badezimmern nur schlecht bewegen und fiel wegen Knie- und Rückenproblemen öfter aus. Diese Kollegin konnte aber gut Pflegeplanungen schreiben. Deshalb wurde sie weitgehend aus der direkten Pflegetätigkeit herausgezogen und schrieb fortan die meisten Pflegeplanungen. Den Kollegen, die das nicht gerne taten, war damit ebenso geholfen wie der Mitarbeiterin selbst.

Und noch ein Beispiel: Eine Mitarbeiterin in einer stationären Pflegeeinrichtung kam mit den demenziell erkrankten Bewohnern nicht so gut klar. Sie hatte wenig Verständnis und wollte die Bewohner »erziehen«. Das führte im Team, mit den Vorgesetzten, Bewohnern und deren Angehörigen immer wieder zu Spannungen. Am leichtesten fiel der Mitarbeiterin die Behandlungspflege. Also schuf man im Heim eine »Behandlungspflegetour«, ähnlich der eines ambulanten Dienstes. Diese Tour, zu der das Anziehen von Kompressionsstrümpfen, die Gabe von Medikamenten und Insulin gehörte, erhielt die Mitarbeiterin. Die Pflege- und Betreuungsleistung erbrachten andere.

Das ist Funktionspflege und keine Bezugspflege? Ja, stimmt. Aber was wäre die Alternative? Wenn Sie auf dem Markt nicht die eierlegende Wollmilchsäue finden, müssen Sie die Arbeit teilen. Denn was geschieht, wenn Sie Mitarbeitern, die in manchen Teilen der Arbeit fast schon talentfrei scheinen, alles abverlangen? Sie werden scheitern. Mit wie viel Freude gehen sie dann noch an die Arbeit? Woraus sollen sie Kraft schöpfen?

Tipp

Denken Sie frei von Konventionen, verlassen Sie übliche Pfade bei der Überlegung der Arbeitsorganisation. Lernen Sie, die unorthodoxen Denkweisen und Potenziale Ihrer Mitarbeiter zu schätzen und zu nutzen.

8.1 Entwickeln Sie eine qualifikationsgerechte Ablauforganisation

Kennen Sie die Grundsatzdiskussionen zwischen erfahren Pflegehelfern und Pflegefachkräften? Die reine Thematisierung der unterschiedlichen Qualifikationsgrade in Teamsitzungen oder Gesprächen sorgt bereits für emotionale Reaktionen. Zu häufig wird eine langjährige Berufspraxis als Pflegehelfer mit einem Abschluss der Pflegefachkraft gleichgestellt. Eine OP-Schwester darf aber auch keine Operation durchführen, oder?

Aus unserer Sicht ist es wichtig, dass Sie eine qualifikationsorientierte Ablauforganisation entwickeln:

- Legen Sie alle Tätigkeiten der direkten und indirekten Pflege fest.
- Ordnen Sie die Tätigkeitskomplexe den einzelnen Kompetenzen der Mitarbeiter zu.
- Erarbeiten Sie mit den Mitarbeitern einen an den Bedürfnissen orientierten Tourenplan (funktioniert auch in Pflegeeinrichtungen).

> Klare Strukturen und Führung geben den Mitarbeitern Sicherheit und beugen eventuellen Kompetenzüberschreitungen oder Überforderungen vor.

Eine Fachkraft kann heute nicht alle ihre Aufgaben gleichermaßen gut erfüllen. Die eine kann gut mit Menschen mit Demenz umgehen, dafür hat sie Schwächen in der Wundversorgung und -dokumentation. Die andere Fachkraft ist eine Koryphäe in Sachen Pflegedokumentation, hat aber Schwierigkeiten, wenn es um die Arztkommunikation, die Begleitung bei Visiten oder den Umgang mit Angehörigen geht. Eine Nichtfachkraft schreibt hervorragende Pflegeplanungen und schreibt den Maßnahmenplan zur SIS® so individuell, dass einem das Herz aufgeht. »Darf die Nichtfachkraft doch gar nicht«, werden Sie denken.

Das ist insofern auch richtig, denn das Gesetz über die Pflegeberufe (Pflegeberufegesetz – PflBG) § 4 beschreibt die vorbehaltene Tätigkeiten der Fachkraft wie folgt:

1. die Erhebung und Feststellung des individuellen Pflegebedarfs
2. die Organisation, Gestaltung und Steuerung des Pflegeprozesses
3. die Analyse, Evaluation, Sicherung und Entwicklung der Qualität der Pflege

Ja, die fachliche Aufsicht und Verantwortung liegt bei der Fachkraft. Aber diese kann ggf. nicht gut (deutsch) schreiben oder hat kein Talent, was nun? Was ist die Alternative? Sie könnten die Fachkraft zwingen oder zu einer Schulung schicken. Kann jeder, der einen Führerschein besitzt, gut Auto fahren? Nein! Warum also denken Sie, eine Fachkraft müsse alles können und eine Nichtfachkraft kann dies oder jenes generell nicht?

8.2 Hinterfragen Sie die Abläufe

Moderne Führungskonzepte bergen die Gefahr von Unklarheiten. In einer klassischen Hierarchie ist allen alles klar. Wer Entscheidungen trifft und für deren Umsetzung und Erfolg verantwortlich ist. Wenn durch den Einbezug von Mitarbeitern demokratische Entscheidungsfindungen gelebt werden, führen unterschiedliche Auffassungen bezüglich der Kompetenzverteilung zu unklaren Verantwortlichkeiten und damit auch zu Unzufriedenheit.

Jeder Mitarbeiter hat seine eigene Vorstellung, wie ein solches Konzept funktionieren sollte. Meist sind diese aber nicht klar formuliert und bestehen aus impliziten Erwartungen, die nicht besprochen werden. Damit laufen wir alle Gefahr eines unbewussten »Rosinen-Pickens«: Ich darf die Dinge (mit-)entscheiden, die mir wichtig sind. Für die Umsetzung dieser Entscheidungen sind jedoch andere verantwortlich, ebenso wie für unangenehme Angelegenheiten und für die Lösung von Konflikten.

Tipp

Sorgen Sie für die Klärung folgender Fragen:

- Wer darf und muss was entscheiden?
- Wer darf wem einen Auftrag erteilen?

Ohne die transparente und praktizierte Klärung von Entscheidungskompetenzen und Umsetzungsverpflichtungen münden moderne Führungsansätze schnell im Chaos wechselseitiger Blockierung oder eines Entscheidungsvakuums.[32]

Die Arbeitsorganisation ist die Basis für einen vernünftigen Dienstplan. Sieht man sich die sehr unterschiedlichen Besetzungen in den Einrichtungen an, wird klar, dass nicht alles eine Frage der Anzahl der Mitarbeiter ist. Das sieht man stationär noch deutlicher als ambulant, wenn man die Bundesländer miteinander vergleicht: Es gibt eine unterschiedliche Besetzung und die meisten schaffen ihre Arbeit und alle jammern.

Festzustellen ist aber auch, dass in Einrichtungen mit mehr Personal nicht bessere Arbeit geleistet wird. Denn statt sich mehr um die Bewohner, um deren Befinden und die Person zu kümmern, wird mehr gepflegt. Pflege produziert Pflege.

Je mehr Zeit Mitarbeiter haben, desto mehr investieren sie in Pflege. Das merkt man im Kleinen, wenn beispielsweise ein Bewohner im Krankenhaus ist und man fragt, was die Mitarbeiter heute mehr gemacht haben als gestern, als der Bewohner noch nicht im Krankenhaus weilte. Antwort: »Geduscht, Betten bezogen« etc. Kaum einer kommt auf die Idee und sagt: »Ich habe mich 20 Minuten zu Frau xy gesetzt und erzählt.«

[32] Vgl. Arnhold H (2016): Wir sind Chef. Haufe Verlag, Freiburg

Auch zu Beginn des 3. Jahrtausends definieren wir Pflege noch in satt, sauber, trocken. Diese Meinung ist, zugegeben, eine harsche. Aber wie sieht es denn in der Praxis aus? Das Letzte, was ein Spätdienst macht, ist nach der Inkontinenzvorlage zu schauen und Bewohner zu lagern. Das Erste, was ein Nachtdienst macht, ist … das Gleiche.
Das Letzte, was der Nachtdienst tut, ist das Gleiche, was der Frühdienst als Erstes macht. Niemand möchte dem nachfolgenden Dienst einen »unsauberen« Bewohner hinterlassen. Dass dabei die Nachtruhe der Bewohner mehrfach unnötig gestört wird, wird in Kauf genommen. Alle Pflegenden sagen: »Ich möchte, dass es den Pflegebedürftigen gut geht,« aber aus unserer Sicht wird noch zu wenig an die Bedürfnisse der Pflegebedürftigen gedacht. Deren Priorität liegt nicht unbedingt darauf, satt und sauber zu sein.

Tipp

Hinterfragen Sie alle Pflegeabläufe. Gehen Sie sukzessive vor. Analysieren Sie die Tätigkeiten im Früh-, Spät- und Nachtdienst. Gehen Sie hier zu auch Schichten mit. Hinterfragen Sie, warum um 5:00 Uhr der Nachtdienst lagert und das Inkomaterial wechselt und der Frühdienst zwischen 6:30 und 7:00 Uhr das Gleiche tut etc.

8

Lassen Sie Ihre Mitarbeiter an Ihrem Erkenntnisprozess teilhaben. Laden Sie sie ein, binden Sie die Mitarbeiter an das Leitbild: »Wie wollen, dass es dem Menschen gut geht.« Fragen Sie, was jeder darunter versteht und was jeder einzelne dafür tun kann.

Sie werden sehen, Sie haben binnen kürzester Zeit ein Füllhorn an Ideen, welche Abläufe nicht im Interesse Ihrer Kunden stehen. Lassen Sie sich nicht abspeisen mit Sätzen wie »Ich würde ja dies oder jenes tun, aber der oder dies hindert …«. Fragen Sie nicht, was nicht geht, sondern erarbeiten Sie Lösungen und prüfen Sie, was davon geht. Jeder noch so kleine Schritt in Richtung Bedürfniserfüllung der Pflegebedürftigen lohnt sich.

Ein Beispiel: Wenn Sie fragen, wie oft Herr Schulz nachts gelagert werden muss, hören Sie wahrscheinlich die gleiche Anzahl, nämlich »3-mal«, wie bei 90 Prozent der anderen zu lagernden Bewohner. Lassen Sie umplanen: Bei jedem Pflegebedürftigen, der gelagert wird, soll der Nachtdienst über drei bis fünf Tage ein kleines Protokoll schreiben. Nicht bei allen Bewohnern auf einmal, das ist zu viel für die Nachtdienste, sondern nur erst einmal bei drei bis fünf Bewohnern. Danach kommen die nächsten und so weiter. Die Nachtdienste sollen zu allen Lagerungszeiten erfassen, welche Art der Lagerung, welche gefährdeten Stellen und was sie an der Haut feststellen konnten.

Lagerungsüberprüfung Bewohner ______________________ Zi.: ____

Gefährdete Stellen
- ☐ Ferse/Knöchel
- ☐ Steiß/Gesäß
- ☐ Hüfte
- ☐ sonstiges ______________________________

Tag 1:	Lagerungsart:	**Hautzustand**
Datum: ________	☐ umlagern	☐ keine Rötung
Uhrzeit: ________	und/oder	☐ Rötung – wegdrückbar
	☐ Fersen freilagern	☐ Rötung – nicht wegdrückbar
	________________	
Tag 1:	Lagerungsart:	**Hautzustand**
Datum: ________	☐ umlagern	☐ keine Rötung
Uhrzeit: ________	und/oder	☐ Rötung – wegdrückbar
	☐ Fersen freilagern	☐ Rötung – nicht wegdrückbar
	________________	
Tag 1:	Lagerungsart:	**Hautzustand**
Datum: ________	☐ umlagern	☐ keine Rötung
Uhrzeit: ________	und/oder	☐ Rötung – wegdrückbar
	☐ Fersen freilagern	☐ Rötung – nicht wegdrückbar
	________________	

Bereits am ersten Tag geben Sie den Auftrag, die Lagerungszeit um 30 Minuten nach hinten zu verschieben. Toleriert die Haut des Bewohners diese nach hinten verschobene Lagerung, wird um weitere 30 Minuten verschoben. So lange, bis die Haut eine minimale, wegdrückbare Rötung zeigt. Dann muss das Intervall der Lagerung sofort wieder um 30 Minuten vorverlegt werden.

Ziel soll es sein, jedem Heimbewohner so viel Nachtruhe zu gönnen, wie es geht und aus drei Lagerungen vielleicht nur zwei oder sogar nur eine werden zu lassen.

Bewahren Sie diese Erhebung auf, denn irgendwann kommt einer und behauptet, dass »einmal nachts lagern zu wenig ist«. Dann zeigen Sie Ihre Auswertungen und können antworten: »Nein. Für diesen Bewohner ist das ausreichend, wir haben es getestet.« Und vergessen Sie bitte nicht zu fragen, wo steht, wie oft man lagern muss. Das steht natürlich nirgends. Stattdessen heißt es im Expertenstandard Dekubitusprophylaxe: »Die Pflegefachkraft begutachtet den Hautzustand des gefährdeten Patienten/Bewohners in individuell zu bestimmenden Zeitabständen.«[33]

Gleiches gilt für die Ausscheidung. Fragen Sie Ihre Mitarbeiter, warum sie bis zu 9-mal in 24 Stunden in »der Hose nach dem Rechten schauen«, erhalten Sie die Antwort: »Der ist sonst nass!« Doch dabei verkennen viele die Tatsache, dass auch Inkontinente einen Ausscheidungsrhythmus haben, den es zu ergründen gilt. Dieser muss herausgefunden werden, nach einem ähnlichen Muster wie bei der Überprüfung der Lagerungsnotwendigkeit. »Maßnahmen, Umfeld und Hilfsmittel sind dem individuellen Unterstützungsbedarf des Patienten/Bewohners bei der Ausscheidung anzupassen.«[34]

---

[33] Deutsches Netzwerk für Qualitätsentwicklung in der Pflege (2017). Expertenstandard Dekubitusprophylaxe in der Pflege. 2. Aktualisierung. Osnabrück, S. 14

[34] Deutsches Netzwerk für Qualitätsentwicklung in der Pflege (2014). Expertenstandard Förderung der Harnkontinenz in der Pflege. 1. Aktualisierung. Osnabrück, S. 12

Datum: ______________________

Kontrollgang ____________________ Uhrzeit: ________________

- ☐ IKM (fast) trocken
- ☐ Indikationsstreifen voll von/bis bitte auf Foto einzeichnen
- ☐ Toilettengang zusätzl. durchgeführt
- ☐ Wäsche nass
- ☐ Bett muss (teil-)bezogen werden

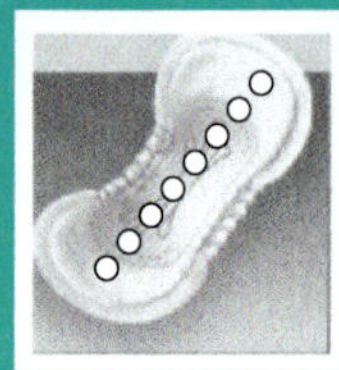

Haben Sie diese Überprüfung während dreier Tage machen lassen, lässt sich bei einem Großteil der Pflegebedürftigen erkennen, welchen Rhythmus der Ausscheidung sie noch haben. Daher verschieben Sie auch hier die Inkomaterialwechsel auf die Zeit, die der Pflegebedürftige benötigt. Statt wie bisher auf die Zeit des nächtlichen Rundgangs.

Ein weiteres Feld ist das Waschen. Fragen Sie:

- Wer muss täglich komplett gewaschen werden?
- Wem reicht es, Gesicht und Intimbereich gewaschen zu bekommen?
- Muss man jeden Inkontinenten abends erneut waschen?

Dann können Sie weitermachen mit der Ernährung und Fragen wie:

- Wem muss das Brot tatsächlich geschmiert werden?
- Bei wem muss die Rinde abgeschnitten werden?

Als Nächstes wäre die Mobilität dran: Wer muss den ganzen Tag im Rollstuhl sitzen statt in einen bequemeren Sessel umgesetzt zu werden? etc.

> ***Fazit***
>
> Die Arbeit der Umstrukturierung und Arbeitsorganisation wird Ihnen nie ausgehen, wenn Sie mit wachen Augen durch Ihre Einrichtung gehen. Es gibt immer etwas zu verändern, denn Stillstand ist Rückschritt.

Auch die ambulanten Dienste dürfen die bisherigen Praktiken in den Touren durchaus hinterfragen. Natürlich diktiert der Kunde den Auftrag. Er entscheide, ob er dreimal pro Woche Hilfe beim Waschen einfordert oder nur einmal. Aber die Tour, die Route, die Zusammenstellung der Kunden, die Arbeiten im Büro, die Organisationszeit der Mitarbeiter nach der Tour – nichts darf ohne Hinterfragen einfach so laufen. Auch hier ist es nicht selten der übliche Trott, der Zeitressourcen frisst und Ihre Mitarbeiter davon abhält, ein modernes Dienstleistungsunternehmen zu werden.

8.3 Beseitigen Sie Dienstplanlöcher

In einem Betrieb, der 365 Tage im Jahr 24 Stunden Dienstleistung erbringen muss, ist Schichtdienst notwendig. Jeder Personal-Ausfall muss im Regelfall ersetzt werden. Durch Krankheit, Fort- und Weiterbildung und Urlaub entstehen aber Fehlzeiten. Diese Fehlzeiten sind teilweise hausgemacht und völlig unnötig. So ist es Jahr für Jahr in der Sommerzeit oder um die Weihnachtszeit herum in vielen Betrieben ein Problem, dass zu viele Mitarbeiter gleichzeitig Urlaub gewahrt bekommen. Den Urlaub nicht sorgsam über das Jahr hinweg gleichmäßig zu verteilen ist Missmanagement.

Tipp

Berechnen Sie jedes Jahr aufs Neue, wie viele Mitarbeiter gleichzeitig in Urlaub sein müssen, respektive sein dürfen. Die Formel hier lautet:
(Anzahl der Mitarbeiter in Vollzeit) × (zustehende Urlaubstage)
Geteilt durch (230 Arbeitstage/Jahr) = (Anzahl der Mitarbeiter in Urlaub)

Beispiel (stationär):
(40 Mitarbeiter [umgerechnet auf Vollzeitstellen]) × (27 Urlaubstage) geteilt durch 230 = 4,69. In diesem Haus müssen immer fünf Mitarbeiter gleichzeitig in Urlaub sein. Wenn die Einrichtung vier Wohnbereiche hat, muss auf jedem Bereich immer eine Pflegekraft in Urlaub sein – das ganze Jahr über.

Beispiel (ambulant):
(8 Mitarbeiter [umgerechnet auf Vollstellen]) × (29 Urlaubstage)
geteilt durch 230 = 1,0.
An jedem Wochentag muss ein Mitarbeiter Urlaub haben, damit es keine Stoßzeiten für Urlaub gibt.

Nach der Berechnungsformel dürfen Sie nie mehr Mitarbeitern gleichzeitig Urlaub gewähren als berechnet wurde, sonst müssen Sie Löcher stopfen. Natürlich wollen alle im Sommer Urlaub. Natürlich möchten die Eltern in den Schulferien in Urlaub. Aber der Betrieb muss weiterlaufen und der Sommer geht länger als sechs Wochen und Ferien sind 12 Wochen im Jahr. Somit wird klar, Urlaub lässt sich entzerren und das »Urlaubszeit« gibt es in einem 365-Tage-Betrieb einfach nicht. Jeder Tag ist ein Arbeitstag und somit ist jeder Arbeitstag ein Urlaubtag.

Die Killerfrage ist natürlich: Was tun Sie, wenn mehrere Mitarbeiter zur gleichen Zeit in Urlaub möchten?
Im § 7 BUrlG spricht der Gesetzgeber bei Urlaubsvergabe von individueller Wunscherfüllung unter Beachtung der sozialen Belangen anderer Arbeit-

nehmer: »*Bei der zeitlichen Festlegung des Urlaubs sind die Urlaubswünsche des Arbeitnehmers zu berücksichtigen, es sei denn, das ihrer Berücksichtigung dringende betriebliche Belange oder Urlaubswünsche anderer Arbeitnehmer, die unter sozialen Gesichtspunkten den Vorrang verdienen, entgegenstehen.*«

Leider hat der Gesetzgeber diese sozialen Belange nicht konkretisiert. Sieht man sich gängige Urteile an, so können soziale Belange in folgender hierarchischer Hitliste dargestellt werden:

- Alleinerziehende mit schulpflichtigem Kind
- Verheiratete mit schulpflichtigem Kind
- Arbeitnehmer, deren Ehepartner/Lebenspartner von Betriebsurlaub abhängig ist
- Arbeitnehmer, deren Wunsch im vergangenen Jahr nicht berücksichtigt wurde
- Anzahl der Jahre der Betriebszugehörigkeit
- Rotationsprinzip: Wer war noch nicht zu dieser Zeit in Urlaub und möchte gern?

Info

Kinder im Hort, Krippe oder Kindergarten stehen nicht unter Schulpflicht. Je nach Bundesland beginnt die Schulpflicht bei Kindern vom 6. Lebensjahr (bzw. Zeitpunkt der Einschulung) an für zwölf Jahre.

Zu diesen Jahren gehört auch die Berufsschule. Es gibt also keine einheitliche Altersgrenze für das Ende der Schulpflicht.

Jedes Bundesland handhabt das anders. So gehört mitunter auch der Besuch der Berufsschule nach Ende der Regelschule noch zur Schulpflicht. Denn in den meisten Ländern muss man 12 Jahre zur Schule gehen, erst danach, oder mit Vollendung der Ausbildung oder Eintritt der Volljährigkeit, endet die Schulpflicht generell.

8.4 Ein Dienstplan ist kein Wunschzettel

Ein weiteres Problem, neben der lästigen Urlaubsplanung, ist vielerorts das Wunschbuch. Doch so stellt sich die Frage: Planen Sie die anfallende Arbeit oder die Freizeit der Mitarbeiter über Wunschbücher?

Ein Dienstplan wird meist relativ kurzfristig, oft weniger als einen Monat vorher, geschrieben, respektive rausgegeben. Das ärgert mitunter die Mitarbeiter. Wenn ein Mitarbeiter im März seinen Dienstplan für Mai noch nicht hat, kann er auf eine Einladung zu Maifeier nicht einmal zu- oder absagen. Das ist schon eine Zumutung für den Mitarbeiter. Er soll nicht nur im Schichtbetrieb arbeiten, sondern auch im höchsten Maße flexibel sein. Was macht also der Mitarbeiter, der im März gefragt wird, ob er am 1. Mai zur Grillparty kommt? Er trägt seinen Wunsch, am 1. Mai (zum Feiern) und 2. Mai (zum Ausschlafen) frei zu haben, ins Wunschbuch ein.

Wenn Sie nun den Dienstplan für den Folgemonat schreiben, wissen Sie anhand dieses Wunschbuches um die Wünsche der Mitarbeiter und möchten die Wünsche auch erfüllen. Schließlich befürchten Sie, dass Mitarbeiter, deren Wünsche Sie nicht oder nicht umfassend berücksichtigen, beim nächsten Einspringen wenig Bereitschaft zeigen.

Im Prinzip planen Sie dann den Dienst Ihrer Mitarbeiter um Ihre Wünsche herum. Doch das bedeutet, dass Sie mindestens zwei Mitarbeiter benötigen, um nur einen Wunsch eines Dritten zu erfüllen. Die meiste Arbeit damit haben Sie bzw. der Mitarbeiter, der den Dienstplan schreibt. Er trägt in den noch leeren Dienstplan zunächst alle Wünsche ein und versieht dann die freibleibenden möglichen Tage mit Dienst. Des Weiteren muss zu jedem Wunsch nicht nur der Wunscherfüller (= Dienstplanverantwortliche) gefunden werden, sondern auch jemand, der den Dienst erbringt, wenn der Kollege frei haben möchte. Tabelle 1 zeigt, wie ein solcher Dienstplan aussieht.

Tab. 1: Mitarbeiterwünsche und der Dienstplan

		Mo 1	Di 2	Mi 3	Do 4	Fr 5	Sa 6	So 7	Mo 8	Di 9	Mi 10	Do 11	Fr 12	Sa 13	So 14
Name	**Rahmen**	D	D	D	D	X	X	X	X	D	D	D	D	D	D
Krankenpfleger	**Plan**												X		
= stellv. PDL	**Änd.**														
(39 Std./Woche)	**Ist**														
Name	**Rahmen**	D	D	X	X	D	D	D	D	D	D	D	X	X	X
Krankenschwester	**Plan**	X													
	Änd.														
(20 Std./Woche)	**Ist**														
Name	**Rahmen**	D	D	D	X	X	X	X	X	X	X	D	D	D	D
Altenpflegerin	**Plan**														
	Änd.					X	X	X							
(25 Std./Woche)	**Ist**														
Name	**Rahmen**	D	D	D	D	D	D	D	D	D	D	D	X	X	X
Krankenschwester	**Plan**											X	X		
	Änd.														
(30 Std./Monat)	**Ist**														

Viele Dienstplanverantwortlichen meinen, wenn man schon im Schichtdienst arbeiten und dauernd einspringen müsse, sollte man den Kollegen doch wenigstens deren Wünsche erfüllen. Diese Meinung ist nicht ganz nachvollziehbar. Kennen Sie im Bekanntenkreis jemanden, der bei einer anderen Firma beschäftigt ist, in dem es ein Wunschbuch gibt?

Wunschbücher führen nicht selten zu Spannungen. Wer Dienstpläne schreibt, kennt das. Es sind immer die Gleichen mit Wünschen. Es gibt ein paar Unersättliche und es gibt Situationen, da können die Wünsche nicht erfüllt werden, was dann mit Ärger verbunden ist.

Stellen Sie sich als Beispiel nur einen Freitag als sogenannten Brückentag (Donnerstag Feiertag, Wochenende frei) vor und zwei oder mehr Mitarbeiter, die frei haben möchten. Wie wollen Sie gerecht entscheiden: Wer seinen Wunsch zuerst eingetragen hat? Da käme der Teilzeitmitarbeiter vermutlich immer zu spät. Oder wird der belohnt, der sonst keine Wünsche hat? Welche Messlatte legen Sie an? Was wäre gerecht? Eine unlösbare Aufgabe.

Die Lösung ist aber nahe: Der erste Fehler ist, dass die meisten Dienstpläne erst sehr kurzfristig entstehen. Was soll ein Mitarbeiter anderes tun, als beim Dienstplanverantwortlichen darauf hinzuweisen, dass er an einem bestimmten Tag frei haben möchte? Mitarbeiter können ihre Freizeit nicht um den Dienst herum planen, wenn der Dienst nicht geplant ist.

Hier bietet ein Rahmendienstplan echte Vorteile. Zwar weiß der Mitarbeiter noch nicht im Detail, ob er an einem Tag in drei Monaten Früh- oder Spätdienst zu leisten hat. Er weiß aber, ob dies sein freier Tag ist oder nicht. Wenn ein Mitarbeiter an einem Tag, an dem er zum Dienst eingeteilt ist, frei haben möchte, muss er jemanden suchen, der mit ihm tauscht.

Fazit **Es geht nicht um »Wünsch Dir was«**

Es kann nicht Aufgabe der PDL als Dienstplanverantwortlicher sein, die Wünsche der Mitarbeiter zu erfüllen. In erster Linie dient der Dienstplan zur Abdeckung der anfallenden Arbeit.

8.5 Löcher müssen gestopft werden – so gelingt's

8.5.1 Erstellen Sie eine Fortbildungsmatrix

Fehlzeiten durch Urlaub wie auch durch Fortbildung sind kein schwarzes Loch mit unbekanntem Inhalt. Die Fortbildung soll, wie der Urlaub auch, bereits im Vorjahr im Wesentlichen für das Folgejahr verplant werden. Erstellen Sie eine Matrix, damit Sie sehen, welche Pflichtfortbildungen es gibt und welchen individuellen Fortbildungsbedarf der einzelne Mitarbeiter hat.

Pflichtfortbildungen, wie z. B. Infektionsschutzbelehrungen oder Brandschutzübungen, Erste Hilfe und dergleichen, sind wiederkehrend und somit bekannt. Zudem hat jede Einrichtung ein Pflichtenheft, welche Fortbildungen für den Träger wichtig sind.

8

Diese Matrix (▸ Tab. 2) ist zunächst eine Jahresübersicht, die erkennen lässt, welcher Mitarbeiter zu welcher Fortbildung soll/möchte. Diese Übersicht ist aber auch eine Planung für das Folgejahr und kann als Übersicht und Nachweis weitergeführt werden. Wenn also für Mai eine PP geplant ist (Fortbildung Pflegeplanung), steht diese PP-Fortbildung bei jedem Mitarbeiter, der daran teilnehmen soll, im Plan. Die Zahl in Klammern ist das Datum der Fortbildung.

Wenn der Fortbildungstermin wahrgenommen wurde, kann mit entsprechender Kennzeichnung (z. B. Markieren etc.) verdeutlicht werden, wer wirklich teilgenommen hat. Wenn man nicht so viele Mitarbeiter zu verplanen hat, kann man (▸ Tab. 2) einfach eine Zeile zwischen den Mitarbeitern freilassen und dort noch Bemerkungen wie z. B. »teilgenommen, erkrankt« o. a. eintragen.

Tab. 2: Fortbildungsmatrix

Mitarbeiter	Jan.	Feb.	März	Apr.	Mai	Jun.	Jul.	Aug.	Sept.	Okt.	Nov.	Dez.
Fr. Müller	PP (20.)		1. Hilfe (17.)	Hyg (3.)	Exp. Sch (30.)			Demenz (4.)	Infekt (22.)	Medi (18.)		
Fr. Meier	Exp. S (29.)			Hyg (3.)	Exp. Sch (30.)	Heben (11.)		Demenz (4.)	Infekt (22.)		1. Hilfe (5.)	
Hr. Schmidt	PP (20.)	Exp M (12.)	1. Hilfe (17.)	Hyg (3.)				Demenz (4.)	Infekt (22.)	Medi (18.)		
Fr. Schulz	PP (20.)		1. Hilfe (17.)	Hyg (3.)	Exp. Sch (30.)	Heben (11.)		Demenz (4.)		Infekt (25.)		
Fr. Andrea	Exp S (29.)	Exp M (12.)		Hyg (3.)	Exp. Sch (30.)					Infekt (25.)	1. Hilfe (5.)	

PP: Pflegeplanung
Hyg: Hygiene
Infekt: Infektionsschutzbelehrung § 43 IfSg
Demenz: Umgang mit Menschen mit Demenz
Heb: Heben und Tragen
Medi: Umgang mit Medikamenten

Exp. D: Expertenstandard Dekubitus
Exp. S: Expertenstandard Sturzprophylaxe
Exp. W: Expertenstandard chron. Wunde
Exp. M: Expertenstandard Mangelernährung
Exp. Sch: Expertenstandard Schmerzmanagement
Doku: richtiges Dokumentieren im Pflegebericht
1. Hilfe: Erste Hilfe Kurs

8.5.2 Planen Sie Ausfälle

Diese Überschrift klingt nur auf den ersten Blick paradox. Wer seine Mitarbeiter etwas kennt, sieht auch oft, wann es ihnen nicht gut geht. Ein Mitarbeiter, der hustend umherläuft und jedem erzählt, wie schlecht es ihm geht, ist oft ein planbarer Ausfall. Sie könnten diesem Mitarbeiter anbieten, sich doch den Rest des Tages zu Hause auszuruhen.

Als Berater kennen wir auch Fälle, in denen der Arbeitgeber einen Tag zur Ruhe und Rekonvaleszenz spendiert. Denn wenn der leidende Mitarbeiter sich zur Arbeit schleppt und danach zum Arzt geht, fehlt er vermutlich gleich eine ganze Woche. Da ist ein Tag Ruhe auf Kosten des Chefs eine Wertschätzung dem Mitarbeiter gegenüber und am Ende der kleinere Verlust. Das kann natürlich missbraucht werden, aber das ist wenig wahrscheinlich. Wenn es einzelne Mitarbeiter gibt, die so taktieren, kann man sie ohnehin nicht davon abhalten. Es ist am Ende immer eine Haltungsfrage, von beiden Seiten.

Der andere planbare Ausfall ist, dass der Dienstplan schon vorgibt, wer im Bedarfsfall einspringt. Der Dienstplan sollte daher nie die volle Arbeitszeit verplanen, denn Ausfälle gibt es immer.

Das Einspringen bei Fehlzeiten ist eine prekäre Sache. Fragt man in Einrichtungen nach dem Thema hört man häufig folgende Aussagen:

- »Es sind immer die gleichen, die einspringen!«
- »Und es sind immer die gleichen, die im Bedarfsfall nicht erreichbar sind!«

Das führt auf Dauer zu Unmut, ist zumindest aber ungerecht. Wer frei hat und ans Telefon geht, hat Pech, das Frei ist weg. Wer Frei hat und nicht ans Telefon geht, hat Glück. Oder auch nicht, denn wenn Not am Mann ist, und man selbst im Dienst steht und jemanden braucht, ist man froh, wenn Rettung naht. Es sitzen doch bei diesem Thema Fehlzeiten und Ausfälle alle in einem Boot. Wie also können Sie Ausfälle sinnvoller kompensieren als bisher?

Die Lösung kann sein, das »Frei« zu priorisieren (▸ Tab. 3). Jeder freie Tag auf dem Dienstplan und somit auch jedes freie Wochenende wird priorisiert und mit Nummer versehen. Die Nummer 1 bedeutet, das ist der Erste, der angerufen wird, wenn Not am Mann ist. Die Nummer 2 wird dann angerufen, wenn 1 nicht ausreicht oder nicht erreichbar ist usw. Die Nummern rollieren durch und wer heute die 1 hat, bekommt das nächste Mal die letztverfügbare Nummer. Wer heute die letztverfügbare Nummer hat, bekommt beim nächsten Mal die 1 usw.

Je höher die Nummer, desto unwahrscheinlicher ist es, dass man im Frei gerufen wird. Je niedriger die Nummer desto eher wird man gerufen.

Somit ist für jeden, der vorm Dienstplan steht, klar, wer wann angerufen und um Aushilfe gebeten wird. Wer als Nummer 3 angerufen wird, wird automatisch fragen, wo denn Nummer 1 oder 2 sind. Sie bzw. der Dienstplanverantwortliche haben darauf auch eine definitive Antwort. Dieses System ist einfach, logisch und in höchstem Maße gerecht, denn es trifft jeden einmal.

Tab. 3: So priorisieren das Frei

		Mo 1	Di 2	Mi 3	Do 4	Fr 5	Sa 6	So 7	Mo 8	Di 9	Mi 10	Do 11	Fr 12	Sa 13	So 14
Name	**Rahmen**	D	D	D	D	X3	X4	X1	X2	D	D	D	D	D	D
Krankenpfleger	**Plan**														
= stellv. PDL	**Änd.**														
(39 Std./Woche)	**Ist**														
Name	**Rahmen**	D	D	X1	X2	D	D	D	D	D	D	D	X3	X4	X1
Krankenschwester	**Plan**														
	Änd.														
(20 Std./Woche)	**Ist**														
Name	**Rahmen**	D	D	D	X1	X2	X3	X4	X1	X2	X3	D	D	D	D
Altenpflegerin	**Plan**														
	Änd.														
(25 Std./Woche)	**Ist**														
Name	**Rahmen**	D	D	D	D	D	D	D	D	D	D	D	X1	X2	X3
Krankenschwester	**Plan**														
	Änd.														
(30 Std./Monat)	**Ist**														

Sie sehen in diesem kleinen Auszug nur vier Mitarbeiter, deshalb gibt es nur vier mögliche Nummern. Aber um das Prinzip des priorisierten Frei zu verdeutlichen, reicht es sicher.

Einige Mitarbeiter werden bei diesem Modell vielleicht nicht mitmachen wollen, weil sie es als versteckte Rufbereitschaft ansehen. Aus unserer Sicht gibt es immer zwei Möglichkeiten, mit einer Sache umzugehen: Anpacken oder belassen.

Tipp

Sie sollten alle Mitarbeiter fragen, was sie beim Thema Einspringen nervt, was ihnen auffällt und was anders sein könnte. Ggf. finden Sie eine einvernehmliche Lösung. Ansonsten können Sie den Mitarbeitern das oben genannte Modell vorschlagen.

Vielleicht erkennen Sie sofort den Vorteil dieses Systems, denn es ist transparent und gerecht. Ob man eine »1« hinter seinem Frei dann »Rufbereitschaft« nennt, müssen Sie intern klären. Ob diese Bereitschaft gesondert vergütet wird und ggf. wie, ist ebenfalls intern zu klären. Fakt ist, keiner mag in seinem Frei angerufen werden und es sind sonst immer die Gleichen, die einspringen.

Somit wird es Zeit für eine Änderung. »Wer nicht auf der Strecke bleiben will, muss hin und wieder vom Weg abkommen«, sagte einst der Schweizer Autor Kurt Haberstich. Machen Sie das doch auch!

8.6 Personalschlüssel – ein verwirrendes Zahlenspiel

Wir haben in der Pflege schon immer über zu wenig Personal gestöhnt. Ich zumindest bin seit 1983 in der Pflege und seither höre ich: »Wir sind zu wenig ...«.

Die Personalsituation war in meinen 40 Jahren nie wirklich zufriedenstellend. Aber das Jammern dahinter durchgehend übermäßig.

8.6.1 Die stationäre Situation

Das »zu wenig« muss stationär aber offenbar subjektiv geprägt sein, denn es gab schon immer sehr unterschiedliche Besetzungen im gesamten Bundesgebiet. Diese unterschiedlichen Personalanhaltszahlen sind auch heute noch unterschiedlich. Der bereits 2016 im Gesetz (SGB XI) verankerte Wunsch nach einem einheitlichen Personalschlüssel in der Altenpflege ab dem Jahr 2020 ist ebenfalls noch nicht umgesetzt.

Der Gesetzgeber hat im § 113 SGB XI festgelegt, dass es bis spätestens 30. Juni 2020 Kriterien geben muss, die sowohl quantitativ als auch qualitativ ein vergleichbares Niveau innerhalb der Pflegeeinrichtungen festschreiben. Basis soll ein vergleichbarer Pflege- und Versorgungsaufwand direkter und indirekter Pflegemaßnahmen sein. Berücksichtigt werden sollen auch die Hauswirtschaft, die Konzeption und die pflegerischen Ziele. Hierzu soll eine fachlich unabhängige wissenschaftliche Einrichtung beauftragt werden, die von allen Leistungserbringern gemeinsam finanziert wird. Nach heutigem Stand gibt es lediglich das zweite Gutachten von Prof. Dr. Heinz Rothgang und Co[35], dort sind Lösungen für Vorschläge für einen einheitliche Personalschlüssel zu finden. Wann und ob überhaupt diese Vorschläge zum Gesetz werden, steht noch in den Sternen.

Begrüßenswert wäre eine Vereinheitlichung statt des Dschungels, in dem jedes Bundesland nach eigenem Gutdünken und oft nicht nachvollziehbar agiert (▶ Tab. 4).

8

[35] Entwicklung und Erprobung eines wissenschaftlich fundierten Verfahrens zur einheitlichen Bemessung des Personalbedarfs in Pflegeeinrichtungen nach qualitativen und quantitativen Maßstäben gemäß § 113c SGB XI (PeBeM)

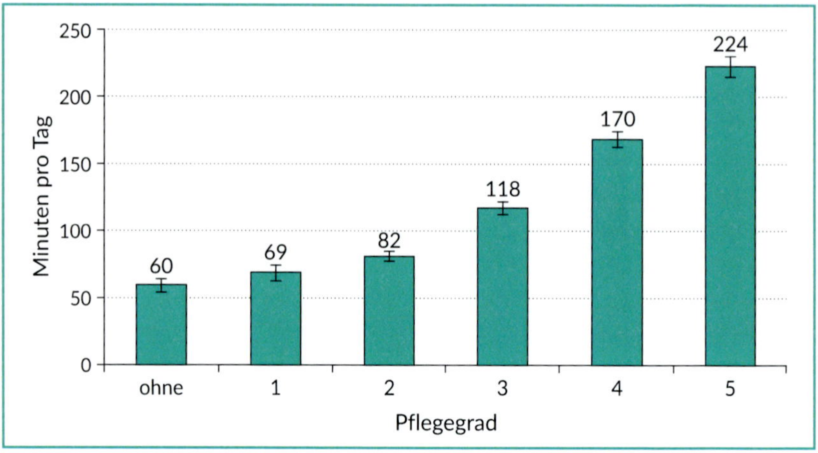

Abb. 4: Bedarfsnotwendige Zeitmengen pro Bewohner nach Pflegegrad

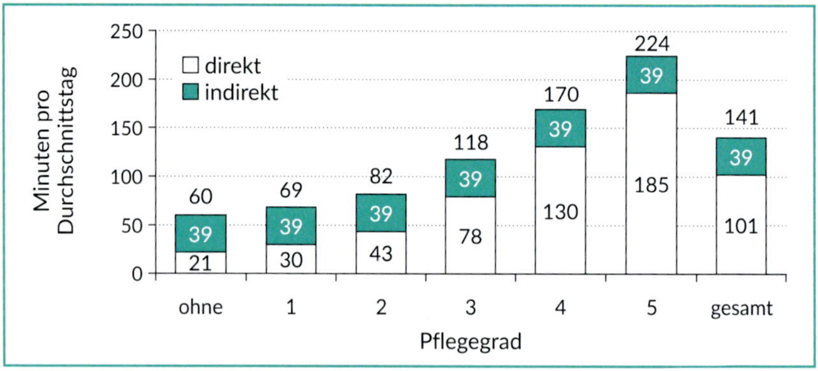

Abb. 5: Verteilung der SOLL-Zeitmenge pro Durchschnittstag auf direkte und indirekte Interventionen

Solange diese – oder andere – Vorschläge nicht umgesetzt werden, leben wir in einer großen Unterschiedlichkeit in den einzelnen Bundesländern, wie die Tabelle 4 Ihnen die aktuelle Personalsituation[36] in Deutschlands Heimen, anhand der jeweils im Land vorliegenden Rahmenverträge gemäß § 75 SGB XI aufzeigt.

[36] Vgl. http://www.michael-wipp.de [Zugriff am 5.8.2017]

Tab. 4: Überblick über die Personalsituation in Deutschlands Heimen

Land	Grad 1	Grad 2	Grad 3	Grad 4	Grad 5	Bei 100 Plätzen in Grad 2 28 Prozent, Grad 3 35 Prozent, Grad 4 25 Prozent, Grad 5 13 Prozent, Stellen Pflege	PDL	Qualitäts-beauf-tragte	Soz. Betreuung ohne zusätzliche Betreuung.	Sonderpersonal-schlüssel
Baden-Württem-berg	1:6,11 bis 1:4,47	1:4,76 bis 3,49	1:3,26 bis 1:2,47	1:2,55 bis 1:1,90	1:2,32 bis 1:72	Bestenfalls 33,57 Stellen Schlechtestens 24,64 Stellen	inkl.	1:40	inkl.	Qualität: 1:40 Leitung und Verwaltung 1:27 Hauswirtschaft und Technik bis zu 1:5,8
Bayern	1:6,7	1:4,02	1:2,7	1:1,99	1:1,8	39,19 Stellen	inkl.	inkl.	1:26,4.	Leitung und Verwaltung 1:28 Hauswirtschaft 1:10,5 Haustechnik 1:80
Berlin	1:7,25	1:3,9	1:2,8	1:2,2	1:1,8	37,81 Stellen	1:100	1:150	1:150	Heimleitung/ Verwaltung 1:30 Hauswirtschaft inkl. Technik bis zu 1:5,9
Branden-burg	1:4,56 bis 1:4,21	1:3,58 bis 1:3,28	1:3,12 bis 1:2,89	1:2,38 bis 1:2,25	1:1,84 bis 1:1,76	Bestenfalls 38,70 Stellen Schlechtestens 36,19 Stellen	1:60 bis 79 Bew. ab 80 Bew. 1 Stelle	inkl.	inkl.	Heimleitung über 60 Bew 1,35 VK

Land	Grad 1	Grad 2	Grad 3	Grad 4	Grad 5	Bei 100 Plätzen in Grad 2 28 Prozent, Grad 3 35 Prozent, Grad 4 25 Prozent, Grad 5 13 Prozent, Stellen Pflege	PDL	Qualitäts-beauf-tragte	Soz. Betreuung ohne zusätzliche Betreuung.	Sonderpersonal-schlüssel
Hessen	1:5,57	1:3,9	1:2,6	1:2,05	1:1,86	39,34 Stellen	inkl.	inkl.	inkl.	Heimleitung/ Verwaltung 1:28 Hauswirtschaft inkl. Technik bis zu 1:5,8
Nieder-sachsen	Keine Zahlen zum Zeitpunkt nur 2016 Zahlen					Bestenfalls 38,78 Stellen Schlechtestens 32,55 Stellen	1 Stelle	inkl.	1:59,2 plus 0,5 Stellen	Heimleitung bis 100 Bew 1 Stelle Verwaltung 1:38,5
Nordrhein-Westfalen	1:8,0	1:4,66	1;3,05	1:2,24	1:2,0	34,70 Stellen	inkl.	inkl.	zusätzl.	Soziale Betreuung ab 1:59,2 plus 0,5 Stellen Heimleitung 1:100 Verwaltung 1:38,5 Hauswirtschaft inkl. Technik bis zu 1:5,9
Rheinland-Pfalz	Es besteht so genannte »Personalkörper-sicherung«, d. h. die Personalzahl aus 2016 wird bis auf weiteres identisch beibehalten (Stand Juli 2017)					36,42 Stellen	1 VK	1:200	1:50	Heimleitung ab 30 Bew pauschal 1 Stelle Verwaltung 1:35

Schleswig-Holstein	1:6,963 bis 1:5,713	1:5,431 bis 4,456	1:3,994 bis 1:3,277	1:3,121 bis 1:2,561	1:2,814 bis 1:2,309	Bestensfalls, 32,13 schlechtestens 26,23	zusätzl.	zusätzl.	inkl.	Heimleitung bis 150 Bew. 1 Stelle PDL 1 Stelle Qualitätsbeauftragte 1:200 Verwaltung 1:38 Reinigung 1:25
Thüringen	Keine neuen Werte, die Berechnung ist pauschal 1:2,83					35,34 Stellen	zusätzl.	inkl.	inkl.	Heimleitung 1 Stelle PDL 1 Stelle Verwaltung 1:40 Hausmeister 1:160
Sachsen-Anhalt	Keine Vorgabe	1:4,5 bis 1:3,67	1:3,34 bis 1:2,70	1:2,6 bis 2,11	1:2,10 bis 1,82	Bestensfalls 39,11 Stellen schlechtestens 32,12 Stellen	inkl.	inkl.	zusätzl.	Kein weiteren Angaben
Saarland	Es besteht so genannte »Personalkörper-sicherung«, d. h. die Personalzahl aus 2016 wird bis auf Weiteres identisch beibehalten					35,41 Stellen	1 VK	1 VK.	inkl.	Heimleitung 1:60 Verwaltung 1:60 Gewinnung Ehrenamt 0,2 Stellen
Mecklen-burg-Vor-pommern	1:8,05 bis 1:6,95	1:4,52 bis 1:3,87	1:3,41 bis 1:2,52	1:2,71 bis 1:1,82	1:2,48 bis 1:1,82	Bestensfalls 40,45 Stellen schlechtestens 30,56	zusätzl.	zusätzl.	inkl.	PDL und QM gemeinsam 1:60 Heimleitung und Verwaltung 1:25 Hauswirtschaft 1:6,5

Das bedeutet (gesonderte Stellen außen vorgelassen): die pflegerisch best-besetzten bis weniger gut besetzten Bundesländer sind bei Ausnutzung der Rahmenverträge:

1. Mecklenburg-Vorpommern	40,45 Stellen
2. Hessen	39,34 Stellen
3. Bayern	39,19 Stellen
4. Sachsen-Anhalt	39,11 Stellen
5. Niedersachsen	38,78 Stellen
6. Brandenburg	38,70 Stellen
7. Berlin	37,81 Stellen
8. Rheinland-Pfalz	36,42 Stellen (Zahl aus 2016)
9. Saarland	35,41 Stellen (Zahl aus 2016)
10. Nordrhein-Westfalen	34,70 Stellen
11. Thüringen	35,34 Stellen
12. Baden-Württemberg	33,57 Stellen
13. Schleswig-Holstein	32,13 Stellen

Zwischen den am besten und den am schlechtesten besetzten Bundeländern liegen bis zu 8 Vollzeitstellen in der Pflege, umgerechnet auf 100 Bewohner. Hinzu kommen zusätzliche Stellen für Pflegedienstleitung, soziale Betreuung etc. Wenn die Hessen also klagen, dass sie zu wenige sind, was sollen die Holsteiner darauf erwidern?

Im Jahr 2016 sah die Rangfolge noch anders aus:

1. Bayern
2. Sachsen
3. Baden-Württemberg
4. Niedersachsen
5. Bremen
6. Mecklenburg-Vorpommern
7. Nordrheinwestfalen
8. Hessen
9. Rheinland-Pfalz
10. Sachsen-Anhalt
11. Berlin
12. Saarland
13. Thüringen
14. Schleswig-Holstein

8.6.2 Die ambulante Situation

Die Personalberechnung ambulant ist nicht wie in der stationären Pflege nach Anzahl der Kunden festzumachen. Wenn die Versorgungsverträge lt. § 75 SGB XI und § 132 SGB V erfüllt sind, was die Mindestanzahl an Fachkräften beschreibt, gibt es darüber hinaus keinerlei Regelungen.

Wenn der Pflegedienst 100 Kunden hat, entscheiden die verantwortlichen Personen (Inhaber, Geschäftsführer, Pflegedienstleitung), wie viele Mitarbeiter für die anfallende Arbeit benötigt werden. Es wäre auch nicht rechenbar anhand einer Kundenzahl. Denn wenn man eine Tour mit 25 Insulinpflichtigen hat, ist diese in der Regel (durch Versorgungsvertrag nach § 132a SGB V geregelt) von einer Fachkraft zu fahren.

Wenn man dagegen Kunden mit aufwändigen Pflegen in einer Tour hat, Hilfe bei Ausscheidung und Nahrung, so wird man nicht mehr als acht Personen in einer Tour versorgen können. Wer sich auf intensivpflichtige Patienten eingestellt hat, hat nur eine Person für die gesamte Schicht bei diesem einen Kunden eingesetzt.

Sie sehen: Personalberechnungen außerhalb der Anzahl der Fachkraftvorgaben für die Gründung, gibt es nicht. Wie viele Fachkräfte in Ihrem Bundesland gefordert sind, entnehmen Sie dem Versorgungsvertrag, oder fragen Sie beim Pflegekassenverband Ihres Landes nach.

Ist die Fachkraftquote erst einmal erfüllt, geht es nur noch nach Rentabilität der Tour. Sie müssen ausrechnen, wie viel eine Betriebsminute kostet und wie viel Dienstleistung Sie verkaufen.

Da mittlerweile in den meisten Bundesländern die Delegation von Behandlungspflege auf Nichtfachkräfte möglich ist, können Sie die fehlenden Fachkräfte quasi ausgleichen. Wenn Sie in Ihrem Betrieb die erforderliche Anzahl an Fachkräften erreicht haben, müssen Sie keine weiteren einstellen. Das bedeutet aber, dass Sie teilweise Behandlungspflegen an die Nichtfachkräfte delegieren müssen (▶ Kap. 12.4).

Im 2. Gutachten von Rothgang und Co. wird aber auch die ambulante Personalsituation beleuchtet und zwei Möglichkeiten dargelegt:

1. die Ermittlung von Durchschnittswerten der erbrachten Leistungen und zusätzlicher Aufwände Rückschlüsse auf den notwendigen Personalbestand zu ziehen,
2. die Orientierung an Bedarfslagen der zu versorgenden pflegebedürftigen Menschen oder der Pflegehaushalte und daraus abzuleitender Notwendigkeiten.

Fakt ist, auch hier hat jedes Bundesland unterschiedliche Regelungen. Von Punktwerten über Zeitwerte (Bayern, Bremen, Hamburg und in Niedersachsen).

Jede PDL muss sich anhand eines wirtschaftlich tragbaren Tourenplans die benötigten Mitarbeiter selbst zusammenrechnen. Diese werden im Wesentlichen beeinflusst durch

- Anzahl an zu betreuenden Klienten,
- Auftrag des Klienten und vorgefundene Pflegesituation (Intensität des Auftrages, pflegende Angehörige etc.),
- Fahrzeiten und Rüstzeiten,
- Fortbildungszeiten, Urlaubsansprüche, Fehlzeitenquote,
- Organisationsansprüche (Dokumentation, Visiten etc.).

9 Umsätze und Erlöse

Die Pflege ist eine Branche, die mit freier Marktwirtschaft wenig zu tun hat. Sie kann ihre Entgelte nicht einfach frei verhandeln oder festsetzen. Zumindest nicht, wenn sie mit Pflegekassen abrechnen möchte. Wer einfach Privatleistungen erbringt und abrechnet, also keinen Versorgungsvertrag mit Kassen schließt, kann mit seinen Kunden allerdings frei handeln. Auf der anderen Seite muss man Kunden finden, die auf das Geld und den Zuschuss der Kassen verzichten und sich privat versorgen lassen.

Nehmen wir also den üblichen Fall einer Pflegeeinrichtung oder eines ambulanten Dienstes. Diese Betriebe schließen Versorgungsverträge, um einen Teil ihrer Kosten für die Leistungen von den Kassen refinanziert zu bekommen und den Kunden nicht zu sehr zu belasten. Hier kann keine Einrichtung selbst entscheiden.

Stationär kann eine Einrichtung nicht einmal eine Liste erstellen, welche Privatleistung sie mit den Bewohnern abrechnen möchte. Beispielsweise für Gärtner-, Hausmeister- oder Näharbeiten. Selbst das ist gemäß § 88 SGB XI als Zusatzleistung mit den Kassen zu verhandeln. Auch wenn einige Einrichtungen das nicht tun. Wenn die Behörde, die die heimrechtlichen Vorschriften prüft, dahinter kommt, kann es Ärger geben. Die sogenannte Heimaufsicht (nennt sich mittlerweile in jedem Bundesland anders) ist für die Sicherstellung der Pflege der Bewohner zuständig und somit sozusagen für deren Schutz.

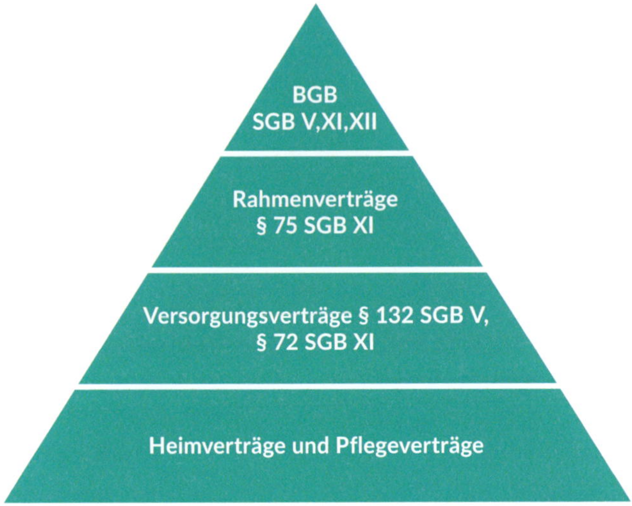

Abb. 6: Die Rechtspyramide.

Die vertraglichen Regelungen sind mitunter komplex. Dazu müssen Sie das Konstrukt Pflege verstehen. Wir haben hier in Deutschland eine Art Rechtspyramide, die grafisch dargestellt verdeutlich, wie die Regelungen wirken: nämlich von oben nach unten (vgl. Abbildung 6).

Über allem stehen die bundesweiten Gesetze, das Grundgesetz, das Bürgerliche Gesetzbuch und die Sozialgesetzbücher. Sie sind in ganz Deutschland einheitlich gültig.

Die Rahmenverträge sind Ländersache, d. h. jedes Bundesland hat eigene Vorstellungen darüber welche Anforderungen an den Betrieb einer Pflegeeinrichtung gestellt werden.

Schaut man sich die Verträge an, stellt man fest, dass es nur wenige wesentliche Unterschiede gibt. Die Länder machen also vielerorts nur Arbeitsbeschaffung, wenn sie selbst kreieren anstatt von der Vorarbeit des Nachbarlandes zu profitieren. Einen guten Überblick über Rahmenverträge der Länder erhalten Sie beim VDEK (https://www.vdek.com/LVen.html).

Bei den Versorgungsverträgen sieht es anders aus: Diese können höchst unterschiedlich sein, sogar innerhalb einer Stadt oder eines Kreises gibt es bereits erhebliche Unterschiede. Hintergrund ist, dass jede Pflegeeinrichtung einen eigenen Versorgungsvertrag mit den Kassen schließt, zu unterschiedlichen Bedingungen und Preisen. Wechseln Sie als Pflegedienstleitung die Einrichtung, bedeutet das mitunter auch eine Umstellung der abrechnungsfähigen Leistungen. Wechseln Sie nicht nur die Einrichtung, sondern gar das Bundesland, sind die Auswirkungen noch weitreichender.

9.1 Die ambulante Situation

Ambulante Dienste haben in aller Regel vier Rechnungsstellen:

1. Krankenkassen
2. Pflegekassen
3. Kunden
4. Sozialamt

Mit der Krankenkasse schließen Sie einen Versorgungsvertrag über die Abrechnung der Behandlungspflege nach § 132 SGB V. Dort werden die Module geregelt mit den Anforderungen, wer darf die Behandlungspflege erbringen, welche Module mit welchen anwendbar sind oder nicht sowie der Preis, der für die erbrachte Leistung an die Pflegekasse in Rechnung gestellt werden darf.

Mit der Pflegekasse schließen Sie einen Versorgungsvertrag über die Abrechnung der Pflege, Hauswirtschaft und Betreuungsleistung nach § 72 SGB XI. Dort werden die Module geregelt mit den Anforderungen,

- wer darf die Leistung erbringen;
- welche Module sind mit welchen anwendbar oder nicht;
- der Preis, der für die erbrachte Leistung in Rechnung gestellt werden darf.

Nicht mit Kassen abrechenbar sind weitere Kosten, die als Privatrechnung hinzukommen: Die Investitionskosten, also die Kosten für Miete, Fahrzeuge oder sächliche Ausstattung. Ebenfalls hinzukommen die Kosten für die Ausbildungsumlage. Diese schwankt sehr stark innerhalb der einzelnen Länder.

9.1.1 Eine Leistungserbringung für den Kunden und die Rechnung darüber

Da Frau Muster nur eine kleine Rente hat, muss das Sozialamt zuschießen. Sie hat Pflegegrad 3 und erhält folgende Leistungen:

- Morgens: Füße im Bett waschen, Kompressionsstrümpfe anziehen, auf die Toilette begleiten, waschen, ankleiden, Frühstück richten, Medikamente geben.
- Mittags: Essen auf Räder erwärmen, Medikamente geben.
- Abendeinsatz 1: Abendbrot richten, Medikamente geben.
- Abendeinsatz 2: Kompressionsstrümpfe und Kleidung ausziehen, Intimbereich waschen, Bett aufdecken.
- Zudem einmal pro Woche Reinigung der Wohnung und mehrfach die Woche entweder Einkaufen oder kleine hauswirtschaftliche Verrichtungen.
- Einmal pro Woche geht ein Pflegemitarbeiter mit Frau Muster entweder spazieren, auf den Friedhof oder begleitet sie bei kleinen Erledigungen.

Die Rechnungen werden wie folgt aufgeteilt:

Rechnung an die Krankenkasse ohne Selbstbeteiligung

- Kompressionsstrümpfe an- und ausziehen 1x täglich (ist nicht in jedem Bundesland einzeln abrechenbar).
- Medikamente richten und Kontrolle der Einnahme 3x täglich (ist nicht in jedem Bundesland einzeln abrechenbar).
- Halbe Hausbesuchspauschale (die andere Hälfte wird über Pflegekasse abgerechnet).

Rechnung an die Pflegekasse (Beispiel für Mitteldeutschland)

Bezeichnung	Anzahl	E-Berechnung	Summe
Gr. Pflege	30	36,40 €	1.092,00 €
Einfache Hilfe Nahrung	30	4,78 €	143,40 €
Kl. Pflege	30	12,10 €	363,00 €
Grundreinigung	4	59,35 €	237,40 €

Bezeichnung	Anzahl	E-Berechnung	Summe
Hauswirtschaft ¼ Std.	20	5,95 €	119,00 €
Wegepauschale ½ Wochentag	66	2,16 €	142,56 €
Wegepauschale ½ Wochenende	24	4,36 €	104,64 €
Investitionskosten	30	2,49 €	74,70 €
Ausbildungsumlage	30	0,87 €	26,10 €
		Zw. Summe:	2.302,80 €
		Kassenleistung	1.298,00 €
		Differenz	1.004,80 €
Betreuungsleistung § 45 je Std.	7	Kassenleistung	125,00 €
		Differenz	1.004,80 €

Rechnung an das Sozialamt

Bezeichnung	Anzahl	E-Berechnung	Summe
Einfache Hilfe Nahrung	30	4,78 €	143,40 €
Kl. Pflege	30	12,10 €	363,00 €
Grundreinigung	4	59,35 €	237,40 €
Hauswirtschaft ¼ Std.	20	5,95 €	119,00 €
Wegepauschale ½ Wochentag	66	2,16 €	142,56 €
Wegepauschale ½ Wochenende	24	4,36 €	104,64 €
Investitionskosten	30	2,49 €	74,70 €
Ausbildungsumlage	30	0,87 €	26,10 €
		Zw. Summe:	2.302,80 €
		Kassenleistung	1.298,00 €
		Differenz	1.004,80 €
Betreuungsleistung § 45 je Std.	7	Kassenleistung	125,00 €
		Differenz	1.004,80 €
		Eigenanteil	547,68 €
Hilfe zur Pflege		SGB XII	457,12 €

Rechnung an die Kundin (Beispiel für Mitteldeutschland)

Bezeichnung	Anzahl	E-Berechnung	Summe
Gr. Pflege	30	36,40 €	1.092,00 €
Einfache Hilfe Nahrung	30	4,78 €	143,40 €
Kl. Pflege	30	12,10 €	363,00 €
Grundreinigung	4	59,35 €	237,40 €
Hauswirtschaft ¼ Std.	20	5,95 €	119,00 €
Wegepauschale ½ Wochentag	66	2,16 €	142,56 €
Wegepauschale ½ Wochenende	24	4,36 €	104,64 €
Investitionskosten	30	2,49 €	74,70 €
Ausbildungsumlage	30	0,87 €	26,10 €
		Zw. Summe:	2.302,80 €
		Kassenleistung	1.298,00 €
		Differenz	1.004,80 €
Betreuungsleistung § 45 je Std.	7	Kassenleistung	125,00 €
		Differenz	1.004,80 €
Hilfe zur Pflege		SGB XII	457,12 €
		Eigenanteil	547,68 €

Rechnung an die Krankenkasse (Beispiel für Mitteldeutschland)

Bezeichnung	Anzahl	E-Berechnung	Summe
Kompressionsstrümpfe an	30	2,97 €	89,10 €
Kompressionsstrümpfe aus	30	1,78 €	53,40 €
Medikamente richten/verabreichen	90	3,45 €	310,50 €
Wegepauschale ½ Wochentag	22	2,88 €	63,36 €
Wegepauschale ½ Wochenende	8	5,76 €	46,08 €
		Zw. Summe:	562,44 €
		Kassenleistung	562,44 €
		Eigenanteil	0,00 €

Ich kenne keine Branche mit komplizierteren, aber auch keine Branche mit transparenteren Rechnungen. Oder haben Sie jemals eine Rechnung erhalten, bei dem der Dienstleister vermerkt, was er für die Azubis, für seine Investitionen etc. berechnet?

9.2 Die stationäre Situation

Das Heimentgelt ist etwas einfacher zu berechnen, da es keine Einzelabrechnung gibt. Bewohner zahlen stets eine Pauschale. Diese Pauschale ist seit dem 01. 01. 2017 im Haus einheitlich zu gestalten. Bis dahin waren die Entgelte je Pflegestufe unterschiedlich und stiegen mit der Höhe der Pflegestufe immer weiter an. Damit ist Schluss.

Wer keinen Pflegegrad hat oder nur Grad 1, muss damit rechnen, dass sich sein Heimentgelt mit steigendem Pflegegrad deutlich erhöht. Wer Grad 2 bis 5 erhält, hat es besser. Das Entgelt steigt für ihn nicht je Pflegegrad weiter an, sondern bleibt konstant.

Ganz gleich, in welchem Pflegegrad (Grad 2 bis 5) sie sich befinden, alle Bewohner müssen den gleichen Eigenanteil für die Pflege zahlen. Ob das gerecht ist, sei dahingestellt. Der Gesetzgeber wollte vermeiden, dass die Pflegebedürftigen und das Sozialamt mit immer weiter steigenden Kosten konfrontiert werden, je nach Pflegegrad.

Das Entgelt der Bewohner setzt sich aus vier Elementen zusammen aus:

1. Pflegerelevanter Anteil
2. Unterkunft und Verpflegung
3. Investitionskosten
4. Ausbildungsumlage

Die Pflegekasse schießt – wie ambulant – nur etwas zur Pflege und Betreuung hinzu, den Rest muss der Bewohner selbst zahlen. Wenn die Rente dafür nicht reicht, muss der Bewohner einen Antrag auf Hilfe beim Sozialamt stellen.

Die Pflegekosten, die Investitionskosten, wie auch Unterkunft und Verpflegung und die Ausbildungsumlage sind für alle Bewohner der Pflegegrade 2 bis 5 gleich.

Wie unterscheidet sich dann das Heimentgelt, fragen Sie sich? Ganz einfach, über den Pflegezuschuss der Pflegekasse. Je höher der Pflegegrad, desto höher der finanzielle Zuschuss der Pflegekasse. Nur für den Bewohner wird eine Höherstufung nicht teurer, für die Pflegekassen schon. Jetzt wissen Sie auch schon, warum es so schwierig ist, Höherstufungen durchzubekommen.

Tabelle 5 zeigt beispielhaft, was die Kostensteigerung für die Kassen bei stabilem Beitrag für die Bewohner bedeutet. Wenn beispielsweise der pflegerelevante Eigenanteil bei 500 Euro pro Monat liegt, wird je nach Pflegegrad von der Pflegekasse der entsprechende Betrag zugeschossen und damit steigt der Umsatz pro Pflegegrad.

Tab. 5: Beispiel für die Kostensteigerung

Pflegegrad	Eigenanteil für Pflege von Bewohnern	Unterkunft, Verpflegung	Investitionskosten	Ausbildungsumlage	Pflegekassenzuschuss	Heimentgelt	vom Bewohner zu zahlen
2	500,00 €	633,60 €	504,76 €	33,60 €	770,00 €	2.441,96 €	1.671,96 €
3	500,00 €	633,60 €	504,76 €	33,60 €	1.262,00 €	2.933,96 €	1.671,96 €
4	500,00 €	633,60 €	504,76 €	33,60 €	1.775,00 €	3.446,96 €	1.671,96 €
5	500,00 €	633,60 €	504,76 €	33,60 €	2.005,00 €	3.676,96 €	1.671,96 €

An diesem Beispiel erkennen Sie klar, dass der Bewohner von Pflegegrad 2 bis 5 immer das Gleiche hinzuzahlt, aber das Entgelt für das Heim steigt pro Pflegegrad immer weiter an.

An dem vom Bewohner zu zahlenden Anteil pro Pflegegrad (in diesem Beispiel 1671,96 Euro) merken Sie, dass sicherlich nicht jeder solche Renten oder Rücklagen zur Verfügung hat. Bei jedem, der vom Sozialamt finanziell unterstützt wird, wird die Rente einbehalten. Er bekommt lediglich einen Betrag (rund 100 Euro im Monat) zur persönlichen Verfügung. Raucht ein Bewohner, geht gern zum Friseur oder leistet sich sonstige Dinge, sind diese rund 100 Euro sehr schnell aufgebraucht. Schade, wenn Menschen ein Leben lang arbeiten und dann mit diesem kleinen Betrag im Monat klarkommen müssen ...

Gesundheitsminister Spahn hat vor, den pflegerischen Eigenanteil für alle Pflegebedürftigen in allen Heimens Deutschlands auf 750 Euro zu deckeln. Es entzieht sich meiner Kenntnis, wozu das führen soll. Zum einen sind die pflegerischen Eigenanteile in der Hälfte der Bundesländer höher als 700 Euro. Zum anderen kommen zum Pflegeanteil eben noch Unterkunft und Verpflegung hinzu, die in allen Bundesländern deutlich über dem pflegerelevanten Anteil liegen. Denn zur Pflege gibt die Pflegekasse Zuschüsse, zu Unterkunft und Verpflegung eben nicht.

Aktuell sind die pflegerelvanten Anteile wie folgt verteilt[37]:

- Thüringen: 490 Euro
- Sachsen: 595 Euro
- Schleswig-Holstein: 603 Euro
- Sachsen-Anhalt: 560 Euro
- Niedersachsen: 602 Euro
- Mecklenburg-Vorpommern: 602 Euro
- Bremen: 642 Euro
- Hamburg: 702 Euro
- Brandenburg: 760 Euro
- Hessen: 761 Euro
- Rheinland-Pfalz: 787 Euro
- Nordrhein-Westfalen: 818 Euro
- Saarland: 936 Euro
- Bayern: 938 Euro
- Berlin: 992 Euro
- Baden-Württemberg: 1.062 Euro

9

---

[37] https://www.t-online.de/finanzen/geld-vorsorge/id_46658720/pflegeheim-kosten-fuer-angehoerige-und-eigenanteil-wer-zahlt-was-.html [Zugriff am 19. 11. 2020]

9.3 Die Situation in der Tagespflege

Das Entgelt der Tagespflege setzt sich ähnlich zusammen wie das Entgelt der vollstationären Kollegen. Auch hier hat der Gesetzgeber eine Grenze eingebaut, auch hier steigt das Entgelt ab Grad 2 nicht weiter an, auch wenn die Pflegebedürftigkeit weiter ansteigt.

Tab. 6: Beispiel Kosten/Tag

Pflegegrad	Eigenanteil für Pflege	Unterkunft, Verpflegung	Investitionskosten	Ausbildungsumlage	Pflegekassenzuschuss*	Entgelt	vom Gast zu zahlen	plus Fahrtkosten
2	17,12 €	8,36 €	3,83 €	0,28 €	22,97 €	52,56 €	29,59 €	ca. 5 bis 15 Euro
3	17,12 €	8,36 €	3,83 €	0,28 €	42,03 €	71,62 €	29,59 €	
4	17,12 €	8,36 €	3,83 €	0,28 €	53,73 €	83,32 €	29,59 €	
5	17,12 €	8,36 €	3,83 €	0,28 €	66,50 €	96,09 €	29,59 €	

* Monatsbetrag bei 30 Tagen umgerechnet auf den Tag

Auch hier zahlt die Pflegekasse nicht alle Kosten, die in der Tagespflege entstehen, sondern nur die pflegerelevanten Kosten sowie die Ausbildungsumlage. Zudem erhält jeder Pflegebedürftige einen Entlastungsbetrag nach § 45b SGB XI in Höhe von bis zu 125 Euro für Pflegegrad 1 bis 5. Davon kann der Tagesgast aber keine Ausgaben decken, denn die Inanspruchnahme der Entlastungsleistung kann nicht am gleichen Tag erfolgen wie an einem Tag in der Tagespflege.

Eine Inanspruchnahme von Tages- und Nachtpflege am selben Tag wie die Entlastungsleistung ist nicht möglich.

9.4 Sozialamt - Kinder zahlen für ihre Eltern

Wenn das Sozialamt das Heimentgelt zahlt, holt es sich das Geld, wo möglich, von den Kindern wieder. Unterhaltspflichtig sind alle in gerader Linie nach oben oder unten. So müssen Kinder für die Eltern und umgekehrt sowie Enkel für die Großeltern und umgekehrt zahlen. Davor haben viele Angst. Doch die ist weitgehend unbegründet. Wer für seine pflegebedürftigen Eltern zahlen muss, hat genug Geld übrig.

Seit dem 01. 01. 2020 gibt es das Angehörigen-Entlastungsgesetz.[38] Es besagt, dass die Unterhaltspflicht erst ab einem Bruttoeinkommen von 100.000 Euro im Jahr eintritt. Hier werden lediglich die Einkommen der Unterhaltspflichtigen gezählt, nicht mehr wie vorher die Einkommen von Ehepartnern.

Das Schonvermögen des Pflegebedürftigen beträgt nunmehr 5.000 Euro und für den Ehepartner gilt gleiches. Dieser Betrag von 5.000 Euro darf vom Sozialamt nicht eingefordert werden. Ebenso wenig wie eine selbstgenutzte Immobilie sofort veräußert werden muss.

9

Beispiel **Wenn der Ehepartner ins Heim zieht**

Zieht ein Pflegebedürftiger in eine vollstationäre Pflegeeinrichtung ein, und die Ehefrau bleibt im Eigenheim zurück, so muss die Immobilie nicht veräußert werden, um für den Heimaufenthalt aufzukommen.
Allerdings gewährt das Sozialamt für die anfallenden Heimkosten dann lediglich ein Darlehen. Sobald die Immobilie veräußert wird, ist dieses Darlehen zurückzuzahlen. Die Höhe des Darlehens schmälert das Erbe, oder kann das Erbe sogar gänzlich schmelzen.

---

[38] Gesetz zur Entlastung unterhaltspflichtiger Angehöriger in der Sozialhilfe und in der Eingliederungshilfe vom 10. 12. 2019

Stellt man dem die Summe gegenüber, die Eltern aufbringen müssen, um ein Kind großzuziehen, ist es nahezu lächerlich wenig, was Kinder für die Eltern zahlen sollen.

Berechnungen zufolge[39] kostet ein Kind im Monat rund 600 Euro. Das macht, hochgerechnet bis zum 18. Lebensjahr, Kosten von knapp 130.000 Euro.

[39] Vgl. https://www.familie.de/familienleben/eltern/wie-viel-kosten-kinder/ [Zugriff am 10. 11. 2020]

10 Controlling und Kennzahlen

»Nicht weil es schwer ist, wagen wir es nicht,
sondern weil wir es nicht wagen, ist es schwer«.
Seneca

10.1 Von wegen »tote Zahlen«

Wenn einige Führungskräfte das Wort »Controlling« nur lesen, machen sie innerlich dicht. »Controlling« – das klingt alles andere als spannend, das hat mit Zahlen zu tun, das ist schwierig.

Jetzt ist die Frage, warum die Haltung vieler Pflegender zu Zahlen so negativ ist. Ist es wie Seneca einst mutmaßte, weil wir es nicht wagen, ist es schwierig? Ich denke, da ist einiges dran. Ich kenne zudem nur sehr wenige gute Dozenten, die das Thema »Controlling in der Pflege« ansprechend vermitteln. Das Wissen haben viele, aber ein eher trockenes Thema pfiffig und mit Freude zu vermitteln, können nur wenige.

Dabei ist Controlling ein unerlässliches Führungsinstrument. Wenn Sie sich dem nicht öffnen, können Sie nicht klar in die Zukunft blicken. Wobei das Anschauen von Zahlen aus der Vergangenheit nicht immer in die Zukunft blicken lässt. Ich kenne genügend Firmen, die ganze Kolonnen von Mitarbeitern in der Controllingabteilung beschäftigen und die Leitungskräfte mit Zahlen förmlich bombardieren.

Was machen Sie als Leitung eines ambulanten Dienstes, wenn Sie Mitte März die Controllingzahlen, sprich Erlöse und Kosten aus dem Januar, bekommen? Was tun Sie, wenn in der Statistik Ihres Unternehmens womöglich in »rot« oder im Ampelsystem aufgezeigt wird, dass Sie im Januar zu hohe Telefonkosten produziert haben? Wie sollen Sie das wieder aufholen? Es ist Mitte März und der Januar lange schon vorbei. Sollen Sie nun im April die Telefonkosten wieder einsparen?

Was machen Sie als PDL einer Pflegeeinrichtung, wenn Sie im April die Februarzahlen erhalten und das Controlling mahnt an, die Kosten für Heizung waren im Februar zu hoch. Super, was nun? Heizung runter im April?

Ich möchte mit diesen beiden Beispielen nicht zum Ausdruck bringen, dass diese retrograde Darstellungen von Kosten überflüssig sind. Ich möchte Ihnen nur klarmachen, dass in einigen Unternehmen das Controlling ein Druckmittel ist, ein scharfes Schwert zum Suppe schneiden.

Die Controllingabteilungen haben es sehr, sehr einfach. Sie erstellen Zahlenkolonnen und der Rest der Firma muss den Brocken schlucken. Die wenigsten Unternehmen haben ein operatives Controlling. Die meisten Controller sitzen am Schreibtisch und haben nicht annähernd eine Idee darüber, wie die Zahlen, die sie zusammenstellen, überhaupt zustande kommen und warum.

Schön wäre ein operatives, auditierendes Controlling, das nicht nur einfach Zahlen liefert, sondern den Fragen nachgeht:

- »Wie kommt es zu einer solchen Zahl?«
- »Wie können wir die Akteure vor Ort dabei unterstützen, die Zahlen wieder in Ordnung zu bringen?«
- »Was können wir als Unternehmen tun, um ein schlechtes Ergebnis zu vermeiden?«

10.1.1 Die betriebswirtschaftliche Auswertung

Für die PDL, ambulant wie stationär, ist die BWA (Betriebswirtschaftliche Auswertung) von Relevanz, auch wenn Sie das vielleicht nicht auf Anhieb glauben wollen. Ich kenne einige kleinere Betriebe, die ihre BWA monatlich vom Steuerbüro erhalten und dann ungelesen abheften, weil sie wenig damit anfangen können und den Nutzen nicht sehen, den eine BWA bieten kann.

Info

Die BWA ist ein Auswertungsinstrument, das über den vergangenen Monat/die vergangenen Monate eine Kosten-Erlösdarstellung bietet. Sie wird in aller Regel vom Steuerbüro erstellt.

Die BWA zeigt dabei stets die Entwicklung anderer Vergleichszeiträume, sodass Sie schnell erkennen können, welche Erlöse und Kosten sich im Vergleichszeitraum wie verändert haben. Die Frage, warum sich die Zahlen ändern, muss freilich die Geschäftsführung stellen – und oft die PDL beantworten.

Die BWA sagt zwar nichts aus über die Liquidität eines Betriebes, denn die Ergebnisse sind vorläufige Ergebnisse (vor Steuerabzug und Anrechnung etwaiger Steuererleichterungen). Aber die BWA ist ein sehr gutes Frühwarnsystem, um zu erkennen, wie die Erlöse sich verändern und wie sich die Kosten entwickelt haben. So können Sie meist noch rechtzeitig gegensteuern und den Betrieb wieder in die richtigen Bahnen lenken. Tabelle 7 zeigt Ihnen die Aufteilung einer BWA.

Umsatzerlöse, aufgeteilt nach SGB XI- und SGB V-Erlösen sowie sonstige Erlöse z. B. über Sozialamt oder Privatzahler.

Tab. 7: BWA eines ambulanten Dienstes, Profipflege*

	Monat März 2018	Kosten in % vom Erlös	Erlöse in %	Januar bis März 2018	Vergleichs-monat März 2017
Erlöse gesamt	212.891,00 €		100	596.094,80 €	198.102,95 €
Erlöse SGB XI	142.295,00 €		0,07	398.426,00 €	132.808,67 €
Kasse Grad 1	2.809,65 €		1,97	7.867,02 €	2.622,34 €
Kasse Grad 2	41.567,45 €		29,21	116.388,86 €	38.796,29 €
Kasse Grad 3	53.127,95 €		37,34	148.758,26 €	49.586,09 €
Kasse Grad 4	12.763,05 €		8,97	35.736,54 €	11.912,18 €
Kasse Grad 5	9.887,30 €		6,95	27.684,44 €	9.228,15 €
Entlastungsleis-tung Kasse	4.128,00 €		2,90	11.558,40 €	3.852,80 €
§ 37 Einsätze	720,00 €		0,51	2.016,00 €	672,00 €
rein Privat	6.244,35 €		4,39	17.484,18 €	5.828,06 €
rein Sozialamt	11.047,25 €		7,76	30.932,30 €	10.310,77 €
Erlöse SGB V	70.596,00 €		33,16	197.668,80 €	65.294,28 €
rein Kassen	64.436,15 €		91,27	180.421,22 €	60.390,13 €
rein privat	2.109,10 €		2,99	5.905,48 €	1.123,45 €
rein Sozialamt	4.050,75 €		5,74	11.342,10 €	3.780,70 €
Material und Wareneinkauf	6.678,13 €			18.698,76 €	7.230,13 €
Rohertrag	206.212,87 €			577.396,04 €	190.872,82 €
Gesamtkosten	174.570,62 €	82		488.797,74 €	118.311,50 €
Personal	127.734,60 €	60		357.656,88 €	147.121,32 €
davon Leitung	19.160,19 €	15		53.648,53 €	18.358,44 €

	Monat März 2018	Kosten in % vom Erlös	Erlöse in %	Januar bis März 2018	Vergleichsmonat März 2017
davon Verwaltung	5.109,38 €	4		14.306,28 €	5.109,38 €
davon Pflege	115.514,66 €	54,26		323.441,04 €	90.709,60 €
davon Hauswirtschaft	31.933,65 €	25		89.414,22 €	31.341,34 €
davon Sonstige	2.220,00 €	1,74		6.780,00 €	1.602,56 €
Raumkosten	1.860,00 €	1,07		5.208,00 €	1.860,00 €
Steuern	8.845,44 €	5,07		21.679,34 €	7.459,05 €
Versicherungen	1.040,27 €	0,60		2.912,76 €	110,15 €
KFZ	1.629,12 €	0,93		4.561,54 €	47,52 €
Werbe-Reisekosten	667,83 €	0,38		2.341,65 €	344,70 €
Abschreibung	298,45 €	0,17		835,66 €	53,28 €
Reparatur	654,38 €	0,37		1.832,26 €	5,93 €
Sonstige Kosten	3.030,10 €	1,74		8.484,28 €	32,36 €
Betriebsergebnis	31.642,25 €			88.598,30 €	72.561,32 €
Zinsen sonst. Neuraler Ertrag	611,23 €			1.234,56 €	
Ungeklärte Kosten	13,40 €			13,40 €	
Ergebnis vor Steuern	31.017,62 €			87.350,34 €	

* Z. B. DATEV

10

10.1.2 Diese Zahlen sollten Sie als ambulante PDL kennen

Die wesentlichen Kennzahlen zur Steuerung eines Pflegedienstes möchten wir Ihnen in den nächsten Passagen etwas näherbringen.

Umsatz und Kosten

Als erstes denken wir natürlich an den Umsatz. Aber Umsatz ist nicht zu verwechseln mit Gewinn und Gewinn nicht mit Überschuss oder Betriebsergebnis aus der BWA (▶ Kap. 10.1.1).

Die Höhe des Umsatzes ist die Ausgangsgröße für alle weiteren Berechnungen. Ob Personalkosten, Fahrzeug oder Verwaltung – immer gehen wir von der Umsatzgröße und davon in Prozent aus. Hier die Grobübersicht:

- In privaten Unternehmen sollten die Personalkosten nicht mehr als 60 Prozent (ohne Unternehmergehalt) des Umsatzes ausmachen, die Sachkosten nicht mehr als 23 Prozent. Das bedeutet, alle Ausgaben zusammengefasst ergeben 83 Prozent des Umsatzes. Bleiben noch 17 Prozent Überschuss vor Steuern.
- Sind Ihre Personalkosten höher, schmilzt Ihr Überschuss oder Sie müssen an den Sachkosten sparen. Sind Ihre Sachkosten höher als 23 Prozent und Ihr Überschuss soll 17 Prozent betragen, müssen Sie an den Personalkosten sparen.

Eine einfache Rechnung: Haben Sie 70.000 Euro Umsatz im Monat, also 840.000 Euro Umsatz im Jahr, so sollten vor Steuern 142.800 Euro übrigbleiben. Ziehen Sie die »üblichen Steuern« (Bsp. 42 Prozent) ab, bleiben knapp 60.000 Euro Jahresgewinn, im Monat also knapp 5.000 Euro Gewinn. Das ist nicht wenig, aber auch nicht üppig, sondern ein durchschnittliches Gehalt einer Führungskraft mit Verantwortung. Ein Unternehmer kann sich entweder ein Gehalt zahlen oder lebt von den Überschüssen. Ein wenig ist das auch abhängig von der Größe und Unternehmensform.

In kirchlichen und wohlfahrtsgeführten Unternehmen sind die Gehälter nicht selten höher als in der Privatwirtschaft. Das liegt einerseits an Tarifgehältern, andererseits aber auch an Altersrückstellungen, höheren Kosten für Verwaltungsmitarbeiter etc. Dafür haben diese kirchlichen Träger oder

Wohlfahrtsverbände nicht selten Autos aus Spendenmitteln oder zahlen keine Miete für Räumlichkeiten.

Viele ambulante Dienste in den Händen der Kirche oder Wohlfahrt haben entsprechen Personalkosten bei knapp 70 Prozent und Sachkosten von ca. 28 Prozent. Das Plus, wenn es denn überhaupt eines gibt, liegt meist so zwischen ein bis drei Prozent. In vielen Einrichtungen gilt auch heute noch die Einstellung: Hauptsache, man zahlt nicht drauf!

Diese grobe Gegenüberstellung der privatwirtschaftlich geführten bzw. der von Kirchen oder Wohlfahrtsverbänden geführte Diensten soll keinesfalls ein Gefälle bei der Arbeit widerspiegeln. Ich kenne sowohl privatgeführte Pflegedienste, die eine tolle Arbeit machen, mit Dienst am Kunden und großem Herz, und einem ordentlichen Jahresüberschuss von 18 Prozent.

Ich kenne aber auch private Pflegedienste, die ständig am Existenzminimum leben und jeden Monat aufs Neue auf das Geld der Kunden und Kassen hoffen, damit sie die Gehälter zahlen können. Von Investitionen in die Zukunft keine Rede.

Und ich kenne kirchliche Träger und Wohlfahrtsverbände, bei denen würde ich nicht einmal meinen ärgsten Feind in Pflege geben wollen. Sowie andere, die ein Plus von fast 20 Prozent erwirtschaften und Mühe haben, dies zu argumentieren. Als kirchliche Einrichtung oder Wohlfahrtsverband tut man sich naturgemäß immer noch schwer mit dem Verkauf von Dienstleistungen.

In meiner über 20-jährigen Beratererfahrung zeigt sich immer wieder der Zusammenhang zwischen finanziellen Engpässen und qualitativen Fehltritten. Nicht selten haben Einrichtungen sowohl ein qualitatives als auch ein finanzielles Problem. Dass nur eines von beiden auftritt, ist eher die Ausnahme.

Ganz gleich, in welcher Unternehmensform oder bei welchem Träger Sie beschäftigt sind, die Kennzahlen der Personal- und Sachkosten können noch weiter heruntergebrochen werden.

Definition **Sachkosten**

Sachkosten sind alle Kosten außer dem Personal. Diese Sachkosten sind Positionen wie z. B. Fahrzeugkosten, Miete, Büroartikel etc.

Von den Sachkosten sollten insgesamt nicht mehr als 40 Prozent auf die Fahrzeugkosten entfallen. Hat der Betrieb z. B. 70.000 Euro Umsatz im Monat, sollten nicht mehr als 23 Prozent auf Sachkosten entfallen, das wären 16.100 Euro im Monat. Davon 40 Prozent = 6.640 Euro für Fahrzeugkosten gesamt. Also Leasing, Versicherung, KFZ-Steuer, Sprit, Reparatur.

Ein Pflegedienst mit 70.000 Euro Umsatz/Monat hat ca. acht bis zehn Touren am Morgen, das sind schon mal acht bis zehn Fahrzeuge auf dem Hof, plus ein Fahrzeug für die Leitung. Rechnen wir zehn Fahrzeuge, so bleiben in meiner Rechnung 664 Euro im Monat pro Fahrzeug als Kosten gesamt. Das ist leistbar, wenn man keinen Luxuswagen als Dienstfahrzeug hat.

Definition **Investitionskosten**

Investitionskosten sind Kosten für Miete, Büromöbel, sonstiges Inventar.

Die Investitionskosten sollten nicht mehr als 12 Prozent der Sachkosten ausmachen. In meiner Rechnung mit 70.000 Euro Umsatz sollten die Sachkosten insgesamt bei 16.100 Euro im Monat liegen. 12 Prozent davon wären also 1.932 Euro Investitionskosten im Monat für Miete, Mobiliar etc.

Die Personalkosten sollten wie oben beschrieben optimal bei weniger als 60 Prozent liegen und können danach noch einmal heruntergebrochen werden. Bedenken Sie beim Lesen der Zahlen immer, dass die Personalkosten inklusive der Sozialabgaben, Steuern und Sonderzahlungen in die Berechnung fallen.

Für die Leitung sollten nicht mehr als 15 Prozent der Personalkosten aufgewendet werden. Bei einem Umsatz von 70.000 Euro im Monat liegen die Personalkosten bei 42.000 Euro. Davon sollten nicht mehr als 15 Prozent auf die Leitung entfallen, also 6.300 Euro (inkl. Sozialleistungen, Sonderzahlungen, Steuer). Das entspräche etwa einem Bruttogehalt von ca. 4700 Euro im Monat für die Leitung, respektive die Leitungen.

An diesem Beispiel sehen Sie auch, dass eine PDL als verantwortliche Leitung eines Dienstes in der Größe von 70.000 Euro Umsatz im Monat (= ca. 60 bis 90 Kunden) ungefähr brutto verdient, was als ein inhabergeführter Pflegedienst netto im Monat übrig haben sollte, nämlich rund 5.000 Euro.

Die Verwaltungskosten, ebenfalls ein nicht unwesentlicher Anteil der Personalkosten, sollten nicht mehr als 6 Prozent betragen. Um im Beispiel zu bleiben wären das bei 70.000 Euro Umsatz im Monat und 60 Prozent Personalkosten insgesamt rund 2.520 Euro für Verwaltungsmitarbeiter. Umgerechnet ca. eine Vollstelle für die Verwaltungsmitarbeiter eines Pflegedienstes mit 70.000 Euro Umsatz.

Kosten und Arbeitszeit

Frage ich verantwortliche Leitungen nach den Kosten pro Betriebsminute sehe ich oft nur Fragezeichen in den Augen meines Gegenübers. Das ist nicht gut, denn: Wer nicht ermittelt hat, was der Betrieb pro Stunde oder Minute kostet, kann eine Tour nur schlecht berechnen und zur Rentabilität führen.

Die Sach- und Personalkosten ergeben zusammengefasst die Kosten eines Betriebes. Bleiben wir beim Rechenbeispiel mit 70.000 Euro Umsatz im Monat und Kosten in Höhe von 58.100 Euro (Personal- und Sachkosten). Dann sind das auf den Tag gerundet 1.911 Euro.

Nun muss man dagegenhalten, wie viele Arbeitsstunden pro Tag oder im Monat beim Kunden geleistet werden. Sie dürfen in die Berechnung nur Mitarbeiter mit einbeziehen, die Leistungen beim Kunden generieren, auf keinen Fall alle Mitarbeiter. Eine Bürokraft produziert zwar Kosten, kann aber keinen Umsatz machen.

Nehmen wir als Beispiel 13 Mitarbeiter, die vor Ort bei den Kunden Pflege, Betreuung und Hauswirtschaft erbringen. Diese Mitarbeiter leisten insgesamt 1.400 Stunden im Monat vor Ort beim Kunden. Das wären 41,50 Euro pro Stunde oder rund 70 Cent pro Minute, die jeder Mitarbeiter umsetzen muss, damit die Kosten gedeckt sind. So können Sie sich jede Tour errechnen.

Bedenken Sie jedoch, dass eine reine Hauswirtschaftstour oder Betreuungsleistungen diese 70 Cent pro Minute nicht erreichen können. Es ist also eine Mischkalkulation. Bringt die Fachkrafttour umgerechnet 90 Cent pro Minute, reicht es, wenn die andere Tour umgerechnet 20 Cent weniger als die erforderlichen 70 Cent bringt.

Die Mitarbeiter auf Tour sind nicht jede Minute produktiv. So ist z. B. die Fahrt von und zu Kunden zwar ebenfalls abrechenbar, jedoch nicht in dem Maße wie eine Leistung vor Ort. Die Bezahlung der Anfahrt ist in aller Regel dazu da, die Fahrzeugkosten zu refinanzieren, keinesfalls jedoch die Arbeitszeit. Zudem schreiben die Mitarbeiter Dokumentationen, sie nehmen an Fortbildungen teil und Teamsitzungen. Diese Zeiten sind alle nicht 1:1 über die Abrechnung refinanziert. Aber auch hierzu gibt es Anhaltszahlen aus der Erfahrung heraus.

Organisationszeit eines Mitarbeiters

Die Organisationszeit eines Mitarbeiters sollte 10 Prozent seiner monatlichen Arbeitszeit nicht überschreiten. Zur Organisationszeit gehören Pflegedokumentation, Besorgung von Verordnungen, Besuch von Fortbildungen, Teamsitzungen und Besprechungen etc. Arbeitet ein Mitarbeiter also 120 Stunden im Monat, sollten nicht mehr als 12 Stunden im Monat für organisatorische Dinge aufgewendet werden. Bei 20 Arbeitstagen entsprechend nicht mehr als 36 Minuten pro Arbeitstag.

Fahrzeiten eines Mitarbeiters

Fahrzeiten sollten nicht mehr als 15 Prozent der Arbeitszeit in Anspruch nehmen. Denn die Arbeitszeit im Auto wird, wie gesagt, nicht über die Module refinanziert. Bei einem Mitarbeiter mit 120 Stunden im Monat sollten nicht mehr als 18 Stunden im Monat für Fahrzeiten aufgewendet werden. Bei 20 Arbeitstagen also nicht mehr als 54 Minuten Fahrtzeiten pro Arbeitstag.

Umsatz pro Kunde

Hier werden viele PDLs sagen: »Den Umsatz pro Kunden kann ich nicht seriös ermitteln. Ein Kunde möchte nur einmal pro Woche baden, der andere erhält nur eine kleine Pflege und der nächste gar drei Einsätze am Tag.«

Andererseits sehen Sie mit dieser Zahl relativ rasch, wie sich die Situation im Pflegedienst verändert. Ein Beispiel: Nehmen wir an, die 70.000 Euro Umsatz im Monat werden durch insgesamt 70 Kunden erzielt. Sie hätten pro Kunden einen Umsatz von 1.000 Euro. Was nutzt Ihnen diese Zahl?

Nehmen wir an, Ihr Umsatz steigt von 70.000 auf 80.000 Euro im Monat, und die Kundenzahl steigt auf 100. Dann hätten Sie nur noch 800 Euro Umsatz pro Kunde. Das bedeutet, der deutliche Anstieg von Kunden bringt im Verhältnis vermutlich weniger Gewinn. 30 Kunden mehr als vorher und nur 10.000 Euro mehr Umsatz führt zur mehr Touren, mehr Arbeitszeit und somit zu deutlich gestiegenen Kosten.

Tipp

Sie sollten darauf bedacht sein, dass die Kundenzahl und der Umsatz in Relation zueinander stehen. Zu hohe Umsätze pro Kunde bedeuten zwar weniger Touren und vermutlich höhere Gewinne, allerdings ist die Kehrseite der Medaille, dass bei Wegfall einer dieser umsatzstarken Kunden nicht nur der Umsatz, sondern auch der Gewinn einbricht.

10.1.3 Diese Zahlen sollten Sie als stationäre PDL kennen

Als Pflegedienstleitung in einer stationären Einrichtung sind Sie oft in einer sogenannten »Sandwichposition«. Über Ihnen sitzen die Geschäftsführung und Hausleitung und unter Ihnen die Mitarbeiter. Und alle wollen nur »Ihr Bestes«.

Die Leitung einer Einrichtung ist natürlich darauf aus, die Zahlen im Lot zu halten, die Mitarbeiter möchten einen sicheren Arbeitsplatz, der ihnen in vielerlei Hinsicht auch Freude bereitet. Diese beiden großen Lager zu befrieden ist die Hauptaufgabe für Sie als Pflegedienstleitung. Und als erstes ist der Druck von oben bzgl. der Zahlen zu nennen.

In größeren Unternehmen gibt es ein Jahresbudget mit entsprechender Vorplanung. Diese Budgets werden meist am Jahresende, im 3. Quartal, intern verhandelt. In kleineren Betrieben sind die Budgets meist grober gerastert und nicht so detailliert.

Wesentliche Zahlen sind aber auch zu benennen und wie im ambulanten Dienst in Personalkosten und Sachkosten zu unterteilen. Hinzu kommen die Umsätze sowie Auslastung und Pflegegradmix.

Im Personalbereich tragen Sie als Pflegedienstleitung immer die Mitverantwortung, auch für die Ausgabensituation.

Personalkosten
Die Personalkosten muss die Hausleitung im Griff haben. Diese sollten 58 Prozent vom Umsatz nicht übersteigen. Als Pflegedienstleitung haben Sie eine Mitverantwortung für die Einhaltung der Fachkraftquote. Bis auf wenige Bundesländer (z. B. Berlin 52 Prozent) beträgt diese 50 Prozent.

Die Krankenquote ist ein nicht unwesentlicher Kostentreiber. Diese Quote sollte bei 5 Prozent und weniger liegen. Höhere Quoten müssen hinterfragt werden. Gab es beispielsweise Mitarbeiter mit schweren Erkrankungen oder Langzeiterkrankte oder sind die Krankheitstage vereinzelt zusammengekommen, hier ein paar Tage, hier und da eine Woche, dort zwei Wochen? Das wäre alarmierend.

Info
Die Krankheitsquote ist nicht selten ein Warnhinweis auf schlechte Stimmung im Team, Unzufriedenheit unter den Mitarbeitern, wenig Bindung an den Betrieb usw.

Sachkosten
Die Sachkosten in Ihrem Verantwortungsbereich als Pflegedienstleitung sind die Wäschekosten, hier insbesondere Flachwäsche (Tischdecken, Bettwäsche, Handtücher etc.), die Inkontinenzmaterialien, Speiseversorgung außerhalb der drei Hautmahlzeiten (z. B. hochkalorische Kost, Spätmahlzeiten, passiertes Essen etc.), Fachliteratur, Fortbildungskosten, medizinische Produkte und dergleichen.

Einnahmen
Das Bewohnerklientel und die Belegung sind Ihre Einnahmeseite. Die Auslastung Ihrer Einrichtung sollte aus Sicht des Betreibers so hoch wie möglich sein, jeder Belegungstag zählt. Doch Vorsicht: Schnellbelegung »frisst« häufig Qualität.

Wenn eine Einrichtung eine Belegung von 94 Prozent auf das Jahr gesehen hat, ist es interessant zu sehen, wie diese Zahl sich zusammensetzt. Wie viele Kurzzeitpflegen sind darunter, wie viele Neuaufnahmen durch Auszug und Verstorbene sind in der Zahl enthalten?

Es macht einen wesentlichen Unterschied für die Qualität in der Arbeit, ob Sie 100 Bewohner im Monat haben mit zehn Neuaufnahmen durch Versterben und Kurzzeitgäste oder 95 Bewohner und nur drei Aufnahmen.

Wichtig **Achtung, Neuaufnahme!**

Jede Neuaufnahme und jeder Kurzzeitgast macht mehr Verwaltungsarbeit als ein Bestandsbewohner. Angefangen von den Informations- und Aufnahmegesprächen, über die Kostenfrage und Klärung der Kostenübernahme durch Pflegekasse ggf. auch Sozialhilfeträger. Und zu guter Letzt die Arbeit auf Station, von Grundreinigung des Zimmers über Neuanlage von Pflegedokumentation über die praktische Mehrarbeit, weil man nach neuen Bewohnern ggf. anders und mehr schauen muss. Das sind nur einige Eckpunkte an einem Aufnahmeprocedere.

Wenn die (gewünschte) Bewohneranzahl erreicht ist, müssen Sie als Pflegedienstleitung permanent darauf achten, dass der Pflegegradmix stimmt. Dieser sollte möglich nahe dem Grad 3 liegen. Die niedrigen Pflegegrade bringen nicht so viel Umsatz, machen aber dennoch Arbeit. Einen möglichst hohen Pflegegrad zu erreichen ist also Ihre Pflicht. Der Bewohner hat davon keinen Nachteil, denn er zahlt von Grad 2 bis 5 den immer gleichen Pflegeanteil, das hat das PSG II gesetzlich geregelt.
Die höheren Pflegegrade bringen Ihrer Einrichtung aber nicht nur mehr Umsatz, sondern auch mehr Geld.

Die Berechnung des Pflegegradmixes können Sie wie folgt durchführen:
Summe der Bewohner mit Grad 1 geteilt durch 100 × 1 +
Summe der Bewohner mit Grad 2 geteilt durch 100 × 2 +
Summe der Bewohner mit Grad 3 geteilt durch 100 × 3 +
Summe der Bewohner mit Grad 4 geteilt durch 100 × 4 +
Summe der Bewohner mit Grad 5 geteilt durch 100 × 5

Hier ein Rechenbeispiel:
10 Bewohner in Grad 1
25 Bewohner in Grad 2
30 Bewohner in Grad 3
20 Bewohner in Grad 4
12 Bewohner in Grad 5

Tab. 8: Pflegegradmix berechnen

Pflegegrad	1	2	3	4	5	Summe Bew.
Bewohner	10	25	30	20	12	97
in Prozent	10,31	25,77	30,93	20,62	12,37	
		2,99	Pflege-gradmix			

In diesem Beispiel liegt der Pflegegradmix bei 2,99, also nahe 3. Sie sind somit auf dem richtigen Weg. Je näher an Grad 3 desto besser, am besten wäre ein Mix von über 3,5.

Tab. 9: Beispiel Struktur BWA (Erträge und Kosten frei erfunden)

Erträge				
	Pflegeerträge			
		Erträge aus allg. Pflegeleistungen gemäß PflegeVG		
			1234	Erträge aus Pflegeleistungen ohne Pflegegrad
			2345	Erträge aus Pflegeleistungen Pflegegrad 1
			3456	Erträge aus Pflegeleistungen Pflegegrad 2
			4567	Erträge aus Pflegeleistungen Pflegegrad 3
			5678	Erträge aus Pflegeleistungen Pflegegrad 4
			6789	Erträge aus Pflegeleistungen Pflegegrad 5
		Erträge U&V		
			Erträge ohne Pflegegrad	Erträge aus Unterkunft + Verpflegung ohne Pflegegrad

10

Erträge				
			9876	Erträge aus Unterkunft ohne Pflegegrad
			8765	Erträge aus Verpflegung ohne Pflegegrad
			7654	Erträge aus Unterkunft + Verpflegung Pflegegrad 1
			7654	Erträge aus Unterkunft Pflegegrad 1
			5432	Erträge aus Verpflegung Pflegegrad 1
			Erträge Grad 2	Erträge aus Unterkunft + Verpflegung Pflegegrad 2
			9876	Erträge aus Unterkunft Pflegegrad 2
			8765	Erträge aus Verpflegung Pflegegrad 2
			7654	Erträge aus Unterkunft + Verpflegung Pflegegrad 3
			7654	Erträge aus Unterkunft Pflegegrad 3
			5432	Erträge aus Verpflegung Pflegegrad 3
			Erträge Grad 4	Erträge aus Unterkunft + Verpflegung Pflegegrad 4
			9876	Erträge aus Unterkunft Pflegegrad 4
			8765	Erträge aus Verpflegung Pflegegrad 4
			7654	Erträge aus Unterkunft + Verpflegung Pflegegrad 5
			7654	Erträge aus Unterkunft Pflegegrad 5
			5432	Erträge aus Verpflegung Pflegegrad 5
			4260	Zusatzleistungen Unterkunft und Verpflegung
		Sonstige Erträge Pflege		
			9876	Zusatzleistungen Pflege § 88
			8765	Erträge aus Pflegehilfsmitteln

Erträge				
			7654	Pflegesatz-Ausbildungsumlage
			7654	Erträge Alltagsbegleiter SGB XI §87b
			5432	Erlös – Schmälerungen/Nachlässe
			4290	Behandlungspflege
		Erträge Investition		
			4640	Erträge pro Platz
			4641	EZ-Zuschlag
			4240	Erträge Sonstiges Invest
	Personalrückerstattungen			
			1357	Erlöse Sachbezüge Personal
			2468	Erstattung Lohnfortzahlung
			4680	Erlöse Erstattung Mutterschutz
			1235	Erlöse Erstattung Kind krankt
			2345	Zuschüsse Arbeitsamt
			2346	Eingliederungshilfe Mitarbeiter
	Sonstige Erträge			
		Erstattungen, Erträge		
			1320	Erstattungen von Gäste-Logis – steuerpflichtig
			1329	Erstattung von Gästen Kost, steuerpflichtig
			1478	Erstattung Wäschekennzeichnung
			5656	Erträge Reinigung Bewohnerwäsche
			2323	Sonstige Erlöse/Erstattungen – steuerpflichtig –
			4555	Versicherungsentschädigungen
			7000	Skonti aus Rechnungen 3 Prozent

Erträge				
Personalkosten direkt				
	Personalkosten Pflegebereich			
		Löhne und Gehälter		
			6000	Bruttolohn und -gehalt
			6001	Aushilfen
			6002	Leasingkräfte HIB
			6000	Aufstockung Altersteilzeit
			6003	Bereitschaft
			6004	Zulagen
			6005	Zuschläge
			6006	Prämien
			6009	Teilnehmer freiwilliges soziales Jahr
			6010	Abfindungen
			6000	Weihnachtsgeld
			6012	Sonstige Gratifikationen
		Fortbildung		
			6100	Fortbildung
			6101	Selbstpflege Personal
			6102	Supervision
		Sonstige Personalkosten		
			6200	Beihilfen/Unterstützungen
			6201	Dozentenhonorare
			6202	Honorare freie Mitarbeiter
			6203	Honorare Leasing

Erträge				
	Personalkosten Betreuungskräfte			
		Löhne und Gehälter		
			7000	Bruttolohn und -gehalt
			7001	Aushilfen
			7003	Aufstockung Altersteilzeit
			7005	Zulagen
			7007	Zuschläge
			7008	Prämien
			7013	Teilnehmer freiwilliges soziales Jahr
			7014	Abfindungen
			7015	Weihnachtsgeld
			7016	Sonstige Gratifikationen
		Fortbildung		
			7100	Fortbildung
			7101	Selbstpflege Personal
			7102	Supervision
		Sonstige Personalkosten		
			7200	Beihilfen/Unterstützungen
			7200	Dozentenhonorare
			7200	Honorare freie Mitarbeiter
Sachkosten direkt				
	Verpflegung			
		Lebensmittel		
			6500	Lebensmittel für Kochgruppen
			6501	Wareneinkauf Pflege

Erträge				
			6502	Getränke
			6510	Verpflegungskosten Sonstiges/ Personal/Gäste
	Medizinischer Aufwand			
			6623	Verbandmittel, Heil- und Hilfsmittel
			6624	Pflegerisches Verbrauchsmaterial
			6629	Desinfektionsmaterial
			6631	Sonstiger med. Bedarf
			6632	Körperpflege
			6635	Einmalunterlagen (Inkontinenzartikel)
			6642	Arztkosten Untersuchungen
			6666	Pflegedokumentation
	Aufwand Betreuung			
			6650	Zeitschriften und Bücher für Therapie/med. Zwecke
			6651	Verpflegungsgeld Behinderte
			6670	Kulturelle Betreuung
			6672	Freizeitgestaltung/Ferienaufenthalte
			6677	Geschenke an Bewohner
			6690	Sonstiger Betreuungsaufwand
	Fremdreinigung Wäsche			
			6826	Fremdreinigung Wäsche
			68230	Fremdreinigung Flachwäsche
			68231	Fremdreinigung Bewohnerwäsche
			68233	Chem. Reinigung Bewohnerwäsche
			68232	Fremdreinigung Dienstkleidung

10.2 Was zu einem guten Controlling außer Zahlen noch gehört

Neben den Zahlen, die sich in Euro ausdrücken lassen, gibt es Zahlen, die zu den sogenannten »weichen Fakten« gehören. Das sind unter anderem:

- Nutzen von Fortbildungen
- Anzahl der Fortbildungen
- Marketingaktivitäten
- Außendarstellung
- Akquise
- Mitarbeiterfluktuation
- Mitarbeiterfehlzeiten

10.3 Wie Gesundheit die Zahlen und das Unternehmen beeinflusst

»Das Ergebnis einer repräsentativen Befragung zeigt: Ein besserer Gesundheitszustand, weniger körperliche und psychische Beschwerden und weniger krankheitsbedingte Fehltage gehen mit einer positiv erlebten Unternehmenskultur im eigenen Betrieb einher.

Das haben Erwerbstätige im Alter zwischen 16 und 65 Jahren angegeben. Das Wissenschaftliche Institut der AOK (WidO) befragte sie nach ihrem Gesundheitszustand, körperlichen und psychischen Beschwerden sowie den Zusammenhängen mit Ihrem Arbeitsplatz.

Eine gute Unternehmenskultur äußert sich demnach vor allem durch eine Arbeitsumgebung, die von den Beschäftigten als fair, wertschätzend, sinnhaft und fördernd erlebt wird. Ein gutes Miteinander im Betrieb basiert auf einer vertrauensvollen Kooperation und wirkt sich letztlich auch auf den Erfolg eines Unternehmens aus«.[40]

---

[40] AOK-Fehlzeiten-Report-2016 https://www.salubris.de/fehlzeiten-report [Zugriff am 19. 11.2020]

Sieht man sich die Fehlzeitenstatistik des Wissenschaftlichen Instituts der AOK[41] (Wissenschaftliches Institut der Ortskrankenkassen WIdO) an, sind die Nichtfachkräfte in der Altenpflege mit 26,7 Fehltagen pro Jahr eine der größten Gruppen. Darüber liegen nur noch Berufe in der industriellen Gießerei (29,5 Tage) und Arbeiter in der Abfallentsorgung (30,8 Tage). Während der Bundesdurchschnitt »nur« bei 18,9 Tagen liegt. Der Krankenstand über alle Branchen hinweg in Deutschland liegt somit bei 5,2 Prozent.

Man muss sich intern also schon fragen, warum die Altenpflege einen wenig ruhmreichen Platz in den vorderen Rängen der Fehlzeitenstatistik einnimmt.

Fazit **Was Mitarbeiter wirklich belastet**

Es sind Probleme der Organisation, Personalführung und Leitungskultur, die Mitarbeiter belasten. Die teils mangelhafte Arbeitsorganisation, die mangelnde Informationspolitik, die Intransparenz des Trägers oder der Leitung oder fehlende aktiven Einbeziehung der Mitarbeiter.

[41] Lt. einer Pressemeldung der AOK 2015

11 Existenzgründung – kleiner Leitfaden für künftige Selbstständige

Wer träumt nicht davon, sich selbstständig zu machen, keinen Chef mehr zu haben, sich die Zeit frei einteilen zu können? So stellen sich viele die Selbständigkeit vor und gehen damit vollkommen in die Irre. Es gibt keinen Chef mehr – das sind Sie jetzt selbst. Ihre Zeit können Sie sich frei einteilen, wie es Ihre Arbeit erlaubt. Warum wohl heißt es immer »selbst und ständig«, wenn man Selbstständige fragt, wie ihr Arbeitsleben aussieht? (▶ Tab. 10) Aber natürlich haben Sie mehr Arbeit, aber auch mehr Selbstbestimmung. Ob Sie mehr freie Zeit haben, liegt an Ihnen – und der konkreten Aufgabe, die Sie als Selbstständige anpacken wollen.

Tab. 10: Selbstständigkeit – Pro und Contra

Pro	Contra
Selbst- und eigenverantwortlich handeln können	Für alles selbst- und eigenverantwortlich gerade stehen
Sich privat versichern können, aus der gesetzlichen Rente aussteigen können	Selbst kranken- und pflegeversichern sowie für das Alter selbst vorsorgen, gesetzliche Rente ade
Zuhause bleiben können, ohne den Chef fragen zu müssen	Zuhause bleiben (in jedem Urlaub, bei jeder Krankheit) bedeutet, keine eigenen Einnahmen generieren
Den Betrieb selbst entwickeln	»Mädchen für alles« sein
Mehr Geld verdienen	Unternehmerisches Risiko tragen, in Vorleistung treten und – läuft der »Laden« schlecht – fehlt das Geld für Investitionen

Jeder, der die Risiken für sich abstecken und akzeptieren kann, sollte diesen Schritt wagen, wenn ihn die Selbstständigkeit lockt. Wir möchten Ihnen hier die wesentlichen Punkte auflisten, die Sie zu tätigen haben, wenn Sie einen ambulanten Dienst, eine Tagespflege oder gar eine stationäre Pflege gründen möchten.

Als erstes müssen Sie Ihre eigene finanzielle Situation klar sehen.

- Was besitzen Sie an Rücklagen?
- Was besitzen Sie an Sicherheiten für die Bank, die Ihnen Kredite geben soll?
- Wie viel Geld benötigen Sie überhaupt?

Eine Bank möchte in aller Regel einen Businessplan sehen, bevor sie Geld geben. Die Banken möchten im persönlichen Gespräch erkennen, dass die Person als Kreditnehmer weiß, was sie vorhat, klare Ziele und die Zahlen von der ersten Minute an im Griff hat.
Im Folgenden zeigen wir Ihnen ein Beispiel für einen Businessplan einer Tagespflege. Das gilt parallel aber auch für alle anderen Finanzierungen:

1. Analyse der Sachlage
2. Eruieren des Bedarfs
3. Überschlagen der Kosten
4. Hochrechnen der Erlöse
5. Ermittlung der Rentabilität

11.1 Beispiel Businessplan

KÖ-Pflegedienst
Tagespflege in Musterhausen
September 2017

KÖ-Pflegedienste
Die KÖ-Pflegedienste, gegründet von Gerda Unmut, sind bereits seit Jahren in Eislingen und Musterhausen erfolgreich tätig. Wir sind ein junges, motiviertes Team mit langjähriger Erfahrung und großem Erfolg in der häuslichen Alten- und Krankenpflege.

Wir unterstützen die häusliche Pflegesituation mit einem Höchstmaß an Professionalität, um unseren Kunden Lebensqualität zurückzugeben und deren Unabhängigkeit so lange wie möglich zu erhalten. Die Alten- und Krankenpflege zu Hause bietet einen wichtigen Stützpfeiler in der Versorgungskette eines Pflegebedürftigen. Dennoch reichen diese Leistungen oftmals nicht aus. Die pflegenden Angehörigen benötigen eine gewisse Auszeit und die Pflegebedürftigen sollen Abwechslung aus der häuslichen Umgebung erfahren. Daher möchten die KÖ-Pflegedienste ihr Portfolio erweitern.

1. Geschäftsidee Tagespflege

1.1 Tagespflege allgemein

Die Tagespflege findet im Gegensatz zur häuslichen Pflege nicht beim Pflegebedürftigen statt, sondern in speziell darauf ausgerichteten Räumlichkeiten einer Einrichtung. Die Tagespflege ist darauf ausgerichtet, Pflegebedürftige mehrere Stunden am Tag zu betreuen und zu versorgen. In dieser Zeit sorgen die Pflegekräfte vor Ort für die Betreuung, während die Angehörigen zuhause ihren beruflichen oder anderweitigen Verpflichtungen nachgehen können, sich ausruhen oder ihr Privatleben und Hobbys pflegen.

Der Bedarf an Tagespflegeeinrichtungen wächst dabei ebenso stetig weiter wie die Zahl der Pflegebedürftigen. Waren es 2001 noch rund 1,4 Mio. Pflegebedürftige, die ambulant versorgt wurden, so waren Anfang 2016 bereits über 1,9 Mio. Pflegebedürftige im häuslichen Bereich auf Hilfe angewiesen. 11

Auch der Bedarf an Tagespflege hat sich mehr als verdoppelt. 2001 gab es noch 1.570 Tagespflegeeinrichtungen, 10 Jahre später, 2011, waren es schon 2.767[42] und Ende 2020 sollen es rund 5.330 Tagespflegen mit ca. 80.450 Plätzen sein[43].

Durch das erste Pflegestärkungsgesetz 2015 (PSG I) wurden die Leistungen der Tagespflege deutlich erhöht und die Möglichkeiten der Kombination mit anderen Leistungen erweitert. Das vorrangige Ziel der Tagespflege

[42] Zahlen von www.bmg.bund.de aus den Zahlen und Faktenblättern der entsprechenden Jahre

[43] https://www.pflegemarkt.com/2019/09/17/marktanalyse-tagespflege-zahlen-daten-fakten/ [Zugriff am 19. 11. 2020]

ist somit, die häusliche Pflege weiter zu stärken und pflegende Angehörige umfangreich zu unterstützen. So kann die Tagespflege ein probates Mittel sein, die Pflegepersonen zu entlasten und im Pflegehaushalt einen Ausgleich zu schaffen. Zudem können verlorengegangene Aktivitäten des Pflegebedürftigen in der Tagespflege unter Gleichgesinnten aktiviert und ausgebaut werden. Die Zuschüsse der Pflegekassen für die Pflege und Betreuung der Pflegebedürftigen betragen seit dem 1. Januar 2017:
Pflegegrad 1: 0,00 Euro
Pflegegrad 2: 689 Euro
Pflegegrad 3: 1.298 Euro
Pflegegrad 4: 1.612 Euro
Pflegegrad 5: 1.995 Euro

1.2 Tagespflege – der Bedarf

1.2.1 Aktueller Markt in Musterhausen

Die erste KÖ-Tagespflege soll in Musterhausen gegründet werden. In Musterhausen gibt es aktuell 13 Tagespflege-Einrichtungen, wobei 10 davon an stationären Altenzentren angegliedert sind und nur drei Einrichtungen solitäre Tagespflegeeinrichtungen sind. Erfahrungsgemäß sind Einrichtungen, die an vollstationäre Pflegezentren angegliedert sind, bei Tagesgästen nicht ganz so beliebt wie Solitäreinrichtungen. Die emotionale Hürde, in ein Pflegeheim zu gehen, besteht grundsätzlich, auch wenn der Tagesgast morgens hingeht und abends zurück in seine Häuslichkeit.

Daher favorisieren die KÖ-Pflegedienste die Errichtung einer solitären Tagesstätte, ganz im Sinne der Tagesgäste.

1.2.2 Tagespflegebedarf in Musterhausen

Die KÖ-Pflegedienste haben bereits über 130 Kunden in Musterhausen. Davon haben sich im Vorfeld bei Umfragen bereits mindestens zehn Kunden sehr interessiert gezeigt, die KÖ-Tagespflege regelmäßig zu nutzen.

Ausgehend von ca. 20 000 Pflegebedürftigen in Musterhausen und dem Hintergrund, dass ca. 3,7 Prozent der Pflegebedürftigen bis 2015 einen Tagesplatz in Anspruch nahmen, besteht allein für Musterhausen ein statistischer Bedarf von 740 Tagespflegeplätzen.

Bei den aktuell bestehenden Plätzen von rund 300 in Musterhausen, bedeutet dies eine deutliche Unterdeckung und somit Aus- und Überlastung der Tagespflegeplätze in Musterhausen. Dieser Bedarf an Plätzen orientiert sich an statistischen Zahlen der vergangenen Jahre und wird daher, wie die Zahl der Pflegebedürftigen weiter ansteigen. Sieht man die Ausgangslage für Musterhausen mit 13 Einrichtungen, so zeigt sich folgende Kostensituation für die Tagesgäste.

	Grad 1	Grad 2	Grad 3	Grad 4	Grad 5	Investitionskosten
A-Haus Tagespflege	59,79	62,19	64,59	66,99	69,39	5,06
Julie-Meier-Haus	61,69	64,16	66,63	69,09	71,56	14,00
Haus Weise Rose	71,82	74,64	77,46	80,27	83,09	10,36
Haus warme Hände	67,58	70,45	73,32	76,19	79,06	9,87
Kalte Eiche	69,16	72,03	74,91	77,79	80,66	13,30
Mariannenhof	57,67	59,99	62,31	64,62	66,94	9,09
Schön & Schlau Kranken- und Tagespflege	63,29	65,86	68,43	70,98	73,55	12,44
Reiners Pflege	50,02	51,93	53,83	55,73	57,63	11,48
Rheie Tagespflege	58,48	60,92	63,35	65,78	68,22	7,92
Rheie Verband e.V.	68,71	71,13	73,54	75,96	78,38	10,78
Schutz für alle	89,78	93,25	96,71	100,19	103,66	9,02
Zentrum für sie	56,41	58,64	60,87	63,1	65,33	14,12
Zentrum für Senioren	68,73	71,60	74,47	77,34	80,21	12,44

2. KÖ-Tagespflege

2.1 Rechtsform der KÖ-Tagespflege

Die KÖ-Tagespflege soll in Musterhausen als GmbH gegründet werden. Ein geeignetes Gebäude ist bereits gefunden. Besitz und Betrieb werden hierbei getrennt. Die Finanzierung des Betriebes ist eine andere als die Finanzierung des Besitzes, da auch die Einnahmen sich entsprechend spalten. Während die Finanzierung des Betriebes durch Pflegegeld generiert wird, werden die Investitionskosten vom Tagesgast selbst getragen und eigens mit den Pflegekassenverbänden und dem Träger der Sozialhilfe verhandelt.

Somit entstehen eine Tagespflege KÖ GmbH und eine KÖ Besitzgesellschaft mbH. Die Tagespflege KÖ GmbH wird Mieter der KÖ Besitzgesellschaft mbH.

3. Finanzbedarf und Finanzierung KÖ-Tagespflege GmbH

Die Tagespflege umfasst auch die notwendige Beförderung des Pflegebedürftigen von der Wohnung zur Einrichtung der Tagespflege und zurück. Daher muss ein geeignetes Fahrzeug angeschafft werden, sofern der Fahrdienst nicht extern an einen professionellen Fahrdienst abgeben wird.

Die Tagespflege benötigt darüber hinaus:

- Seniorengerechtes Mobiliar
- Therapiestühle
- Ruheliegen
- Dekoration
- Personal (Mindestausstattung 5 Vollzeitkräfte, je 42.000,– Euro/Jahr inkl. Arbeitgeberanteil)
- Küchenzeile
- Hinzu kommen laufende Kosten für Strom, Gas, Wasser, Haftpflicht, Fahrzeugversicherung, Steuer, Lebensmittel etc.

Die Anschaffungs- und sonstige Kosten im ersten Jahr belaufen sich auf rund 400.000 Euro. In den Folgejahren werden ca. 356.000 Euro Ausgaben/Jahr anfallen, aufgeteilt wie folgt:

- 210.000 Euro Personalkosten
- 67.500 Euro Kaltmiete
- 30.000 Euro Nahrungsmittel

- 20.000 Euro für Bus (Leasing, Fahrzeugversicherung, -steuer, Sprit)
- 16.000 Euro für Nebenkosten Kosten für Strom, Gas, Wasser, Haftpflicht,
- 2.000 Euro med. Bedarf und Pflegeartikel, 4.000 Euro Betreuungsbedarf und Material
- 3.000 Euro für laufende kl. Anschaffungen/Investitionsbedarf
- 4.000 Euro sonstige Kosten (Beratung/Steuer)

4. Einnahmesituation KÖ-Tagespflege GmbH

Die KÖ-Tagespflege wird mit allen Pflegekassen einen Versorgungsvertrag abschließen. Somit werden die Kosten für Pflege, Betreuung, Verpflegung und Fahrten bis zum Höchstsatz je Pflegegrad (siehe Tabelle unten) pro Monat von den Kassen übernommen.

Die Kosten und Investition (Unterkunft), müssen vom Tagesgast selbst getragen werden. Im Schnitt sind dies ca. 30 Euro pro Tag.

Ausgangssituation sind 20 Plätze, die bei Vollbelegung im Jahresmittel zu 80 Prozent ausgelastet sind, bei einem Betrieb von 250 Tagen im Jahr (an Wochenenden und Feiertagen wird vorerst nicht geöffnet).

Zugrunde gelegt werden die Durchschnittspreise und die Durchschnittspflegestufen der ortsansässigen Mitbewerber.

	Grad 1	Grad 2	Grad 3	Grad 4	Grad 5
Tagespreis	65 €	68 €	71 €	73 €	75 €
Zahl Kunden	1	2	8	5	2
Einnahmen					
Pflegesatz	65 €	138 €	576 €	370 €	154 €
Zzgl. Invest Kosten	13,50 €	27,00 €	108,00 €	67,50 €	27,00 €
Zzgl. Fahrtkosten	4 €	8 €	32 €	20 €	8 €
Zzgl. Unterkunft/ Verpflegung	5 €	10 €	40 €	25 €	10 €

Gesamteinnahmen pro Belegungstag: gerundet 1.700 Euro. Bei einer Auslastung von 80 Prozent sind das gerundet 430.000 Euro Einnahmen pro Jahr nach dem ersten Jahr preopening.

Bei einer Belegung von nur 80 Prozent (aktuelle Mitbewerber haben über 100 Prozent aufgrund des Notstandes in Musterhausen) wird in der Tagespflege ein Gewinn vor Steuer von 65.000 Euro im Jahr generiert.

Bei einer Belegung von nur 90 Prozent wäre das schon der doppelte Gewinn vor Steuern von 136.000 Euro. Somit wird deutlich: 80 Prozent Belegung ist das unterste Belegungsziel. Jeder Tag Belegung über 80 Prozent ergibt weitere Gewinne.

4.1 Zahlenreihe KÖ-Tagespflege Monat

	Jan 18	Feb 18	Mrz 18	Apr 18	Mai 18	Jun 18	Jul 18
Belegtage ca.	130	150	170	190	210	230	250
Einnahme je Belegtag ca. 96 Euro	12.480	14.400	16.320	18.240	20.160	22.080	24.000
Miete*	0	0	0	5.600	5.600	5.600	5.600
Nebenkosten	1.333	1.333	1.333	1.333	1.333	1.333	1.333
Unterkunft/Verpfl. 7,- je Belegtag	910	1.050	1.190	1.330	1.470	1.610	1.750
Fahrtkosten (Bus, Sprit, Vers. Etc.)	2.000	2.000	2.000	2.000	2.000	2.000	2.000
med. Bedarf	600	500	300	200	200	200	200
Personal	17.500	17.500	17.500	17.500	17.500	17.500	17.500
Investition	35.000	1.500	1.000	500	350	350	350
sonstige laufende Kosten (Tel. Porto, PC, Vers., Support)	800	800	800	800	800	800	800
Unterdeckung	45.663	10.283	7.803	11.023	9.093	7.313	5.533

	Aug 18	Sep 18	Okt 18	Nov 18	Dez 18	Jan 19	Feb 19 Vollbelegung**
Belegtage ca.	250	270	290	310	330	355	375
je Belegtag ca. 96 Euro	24.000	25.920	27.840	29.760	31.680	34.080	36.000
Miete*	5.600	5.600	5.600	5.600	5.600	5.600	5.600
Nebenkosten	1.333	1.333	1.333	1.333	1.333	1.333	1.333
Unterkunft/Verpfl. 7,– je Belegtag	1.750	1.890	2.030	2.170	2.310	2.485	2.625
Fahrtkosten (Bus, Sprit, Vers. Etc.)	2.000	2.000	2.000	2.000	2.000	2.000	2.000
med. Bedarf	600	600	600	600	600	600	600
Personal	17.500	17.500	17.500	17.500	17.500	17.500	17.500
Investition	350	350	350	350	350	350	350
sonstige laufende Kosten (Tel. Porto, PC, Vers., Support)	800	800	800	800	800	800	800
Unterdeckung/ Überschuss	- 5.933	- 4.153	- 2.373	- 593	1.187	3.412	5.192

* Miete erst ab 4. Monat
** 80 Prozent durchschnittliche Auslastung

11

5. KÖ-Besitzgesellschaft mbH

5.1 Finanzbedarf und Finanzierung der KÖ-Besitzgesellschaft mbH

Das benötigte Kapital für die KÖ-Besitzgesellschaft mbH, die das Gebäude erwerben wird, beläuft sich auf 630.000 Euro und setzt sich zusammen aus:

- Erwerb der Immobilie
- Grunderwerbsteuer
- Maklergebühr
- Notarkosten
- Eintragung Kataster
- Renovierungsbedarf

Die Renovierung wird erforderlich, da eine Tagespflege nicht nur den Versorgungsvertragsanforderungen der Kassen unterliegt, sondern auch nach heimrechtlicher Vorschrift bestimmten räumlichen Anforderungen genügen muss. Dazu gehören beispielsweise behindertengerechte Sanitäranlagen mit Duschen, ebenerdiger Zugang, Küche, seniorengerechtes Mobiliar, etc.

Das Eigenkapital der Besitzgesellschaft mbH wird durch die alleinige Gesellschafterin Frau Gerda Unmut eingebracht und beträgt insgesamt 130.000.

Somit ergibt sich eine Finanzierungslücke von 500.000 Euro, die als Darlehen von der Bank benötigt werden.

5.2 Einnahmesituation der KÖ-Besitzgesellschaft mbH
Ausgehend von 20 Plätzen und je 13,50 Euro/Tag ergeben sich bei einer 5-Tage-Woche rund 67.500 Euro Nettokaltmiete im Jahr.

gez. Gerda Unmut
Musterhausen, September 2017

11.2 Checkliste »Betriebsgründung«

Die wesentlichen Vorgänge zur Gründung eines Pflegebetriebs sehen aus wie folgt

- Finanzamt: Steuernummer beantragen
- IK (Institutionskennzeichen) beantragen. Zuständig ist die Arbeitsgemeinschaft Institutionskennzeichen (SVI), https://www.dguv.de/arge-ik/index.jsp
- Betriebsnummer beantragen: bei der Agentur für Arbeit in Ihrer Nähe
- Pflegekassenverbände Ihres Landes anschreiben und Anträge stellen:
  - Versorgungsvertrag beantragen für
    § 72 SGB XI (Pflege)
    § 45b SGB XI (niederschwellige Betreuungsangebote)
- Und darum bitten mitzuteilen, welche Unterlagen erforderlich sind

- Krankenkassenverbände Ihres Landes anschreiben und Anträge stellen:
  - Versorgungsvertrag beantragen für § 132a SGB V (Behandlungspflege)
- Und darum bitten mitzuteilen, welche Unterlagen erforderlich sind
- Sozialamt: Leistungsvereinbarung beantragen – zeitgleich mit den Versorgungsverträgen – und darauf verweisen, dass bereits Anträge bei den Pflegekassen laufen.

Der Pflegekasse ist gewöhnlich vorzulegen:

- Ausbildungsnachweis der verantwortlichen Pflegefachkraft (Berufsurkunde)
- Nachweis über die Tätigkeit als leitende Pflegekraft in den letzten 5 Jahren
- Weiterbildungsnachweis der verantwortlichen Pflegefachkraft (Zertifikat)
- Ausbildungsnachweis der stellvertretenden verantwortlichen Pflegefachkraft (Berufsurkunde)
- Urkunden zwei weiterer Mitarbeiter
- Polizeiliches Führungszeugnis der PDL und stellvertretenden PDL (nicht alter als 3 Monate)
- Blanko-Pflegevertrag
- Bestätigung über die Mitgliedschaft in der zuständigen Berufsgenossenschaft
- Nachweis über den Abschluss einer ausreichenden Betriebshaftpflichtversicherung für Personen-, Sach- und Vermögensschäden (abhängig von Betriebsgröße also Durchschnittszahl der Mitarbeiter und der Gehaltssummen. Am Anfang würde ich eine Summe von 180.000 Euro Gehalt pro Jahr zugrunde legen)
- Pflegeleitbild
- Pflegekonzept (Pflegesystem, Klienten, Ausrichtung etc.)
- Pflegedokumentationssystem (ein Satz Leerformulare oder eine Musterdoku)

Ggf. erst nach der Zulassung oder aber schon zur Zulassung erforderlich:
- Konzept zur Einarbeitung neuer Mitarbeiter
- Organigramm
- Nachweise externes Qualitätsmanagement
- Pflegestandards/Leitlinien/Richtlinien
- Konzept zum Beschwerdemanagement
- Notfallplan
- Hygienekonzept mit relevanten Empfehlungen der Kommission für Krankenhaushygiene und Infektionsprävention des Robert Koch-Institutes
- Stellenbeschreibungen (Pflege und Hauswirtschaft)
- Nachweise zum einrichtungsinternen Qualitätsmanagement
- Umsetzung Expertenstandards

Sonstiges
- Räumlichkeit überdenken (Platz für Teamsitzung, kl. Teeküche, Toiletten müssen ausgewiesen werden, ggf. Dusche)
- Fahrzeuge überdenken (Privat PKW nutzen oder Leasing oder Kauf per Finanzierung)
- Frage der Finanzierung (Pre-opening kostet Geld)

Meldung über die Aufnahme des Betriebes nach Erhalt des Versorgungsvertrages:
- Gesundheitsamt
- Gewerbeaufsicht
- Ordnungsamt

12 Qualitätsprüfung

12.1 Qualitätsprüfungen durch den MdK

Die Qualitätsprüfungen durch den Medizinischen Dienst der Krankenversicherungen (MDK) gibt es seit 1996, ein Jahr nach Einführung der Pflegeversicherung. Die Prüfungen waren von Beginn an eine anstrengende Sache für die Einrichtungen. Die Prüfkataloge der früheren Zeit waren eher dünn, der erste hatte gerade mal 28 Seiten. Deshalb wurde der Katalog sehr MDK-Mitarbeiterindividuell ausgelegt. »Das ist doch heute noch so«, werden Sie denken.

Ja, das ist vielerorts heute noch so. Allerdings haben Sie heute die Möglichkeit, sich erfolgreich zu wehren. Denn die Prüfanleitungen sind seit 2019 so gestaltet, dass jede Prüffrage klar formuliert, was gefordert wird:

- Qualitätsaussage: das Ziel dieser Prüffrage, was soll erreicht werden
- Allgemeine Beschreibung: das ist die Anforderung an die Einrichtung
- Leitfragen: diese präzisieren den zu prüfenden Qualitätsaspekt
- Bewertung: was muss zutreffen, um eine schlechte Bewertung zu bekommen

Das bedeutet, der Prüfer kann seine Meinung haben, aber sie fällt nicht ins Gewicht. Ob die Prüffrage mit a, b, c oder d beantwortet wird, entscheidet die Prüfanleitung und nicht mehr der Prüfer.

Tipp
Haben Sie deshalb den Mut, einen Prüfer zu fragen »Wo steht das?« Legen Sie die Prüfanleitung immer neben sich und blättern Sie mit. Sie können sich die aktuellen Prüfanleitungen übrigens unter www.mds-ev.de herunterladen.

Die alten Qualitätsprüfungen, mit unsinnigen, wenig aussagefähigen Noten, sind vorbei (außer ambulant, hier gelten noch Noten bis 2021). Die neue Art der Qualitätsprüfungen geht klar auf das Ergebnis beim Pflegebedürftigen ein und die Pflegedokumentation rückt in den Hintergrund. Zumindest ist sie nicht mehr das einzige Maß der Bewertung.

12.2 Qualitätsindikatoren bedeuten Qualität

Seit 1996 wird die Pflegequalität geprüft, ambulant wie stationär. Was ist Pflegequalität?

- Pflegekräfte antworten auf die Frage: »Wenn es dem Kunden gut geht.«
- Pflegebedürftige antworten auf die Frage: »Wenn ich zufrieden bin und so versorgt werde, wie ich es möchte.«
- Leitungskräfte antworten: »Wenn alles läuft, keine Probleme und keine Beschwerden vorliegen.«
- Qualitätsauditoren antworten: »Wenn die Anforderungen erfüllt sind, ist auch die Qualität erfüllt.«
- MDK Prüfer antworten: »Wenn die Kriterien erfüllt sind.«

Offenbar definiert jeder Qualität anders. Sieht man sich die Definition im Duden an, so steht dort u. a.: »Gesamtheit der charakteristischen Eigenschaften (einer Sache, Person); Beschaffenheit«[44]. Interessant ist auch fol-

[44] www.duden.de [Zugriff am 07. 11. 2020]

gende Definition[45]: »Übereinstimmung von Leistungen mit Ansprüchen. Ansprüche stellen Kunden, Verwender.«
Viele Pflegende verwechseln oftmals Qualität mit Güte. Sie glauben, von vornherein müsse Qualität auch gut sein. Das muss aber nicht so sein. Das sehen wir im Alltag als Konsument. Wir sind zufrieden mit unserem Einkaufsmarkt. Dass wir immer wieder dort hingehen und einkaufen, bedeutet aber nicht, dass dort die Qualität besonders gut ist, sondern Zufriedenheit und Güte. Ob dort auch Qualität vorherrscht, entscheidet die Gewerbeaufsicht, Gesundheitsamt und die Lebensmittelkontrolleure.

Bezogen auf Ihre tägliche Arbeit bedeutet das: Der Prüfer des MDK prüft die Qualität und schaut, ob bestimmte Anforderungen des Prüfkatalogs auch beim Klienten so erfüllt sind und in den Pflegedokumentationen abgebildet wurden. Er schaut allerdings nicht, ob das gleichbedeutend mit gut oder schlecht ist. Denn dazu hat er keine messbaren Kriterien.

- Der Prüfer schaut, ob ein sturzgefährderter Klient die Unterstützung erhält, die er benötigt und ob der Sturz dokumentiert wurde. Aber es ist für die Bewertung irrelevant, ob 70 Prozent der Klienten eines Heimes stürzen.
- Der Prüfer schaut, ob für Pflegebedürftige mit PEG eine Mundpflege nachgewiesen und eine Anregung der Geschmacksnerven erfolgt ist. Was er nicht prüft, ist, ob die PEG erforderlich war.
- Der Prüfer schaut eine Wunddokumentation zum Dekubitus an. Er prüft nicht, ob die Einrichtung zu viele Dekubitus »züchtet«.

Prüfer prüfen das Ergebnis beim Klienten, das ist gut und richtig. Vergleichszahlen aber werden für alle stationären Einrichtungen aber ab 2021 in den Qualitätsindikatoren erfasst.

Es gibt Vergleichszahlen, die einen Außenstehenden hellhörig werden lassen. So gibt es Pflegeeinrichtungen, bei denen 20 Prozent der Bewohner einen transuretralen Dauerkatheter haben und Einrichtungen, bei denen nur 1 Prozent der – durchaus vergleichbaren Klientel – mit Dauerkatheter

[45] http://wirtschaftslexikon.gabler.de/Definition/qualitaet.html [Zugriff am 07. 11. 2020]

versorgt ist. Fragt man nach, warum der Kunde einen Dauerkatheter hat, erhält man die lapidare Antwort: »Ist so aus dem Krankenhaus gekommen.« Die Pflegenden sind sich dort also wenig bewusst darüber, dass Dauerkatheter außerhalb des Krankenhauses nicht auf Dauer liegen müssen.

Es gibt Einrichtungen, die bei 25 Prozent ihrer Bewohner Fixierungsmaßnahmen anwenden und vergleichbare Einrichtungen, die gar keine freiheitseinschränkenden Maßnahmen treffen. Fragt man nach den Ursachen, bekommt man die immer gleiche Antwort: »Wir tun unser Bestes.«
Alle behaupten zwar, sie täten alles, was in Ihrer Macht steht, aber es kommt dennoch aus diesem Bemühen offenbar nicht das Gleiche heraus.

Die Qualitätsindikatoren sind Vergleichszahlen von stationären Einrichtungen. Diese werden erstmals im 1. Halbjahr 2021 veröffentlicht. Stationäre Einrichtungen mussten erstmals bis Ende 2020 eine oder mehrere Probeerhebungen machen. 98 Fragen pro Heimbewohner waren an die DAS (Datenauswertungsstelle = aqua Institut) zu melden. Ab 2021 meldet jede Einrichtung alle sechs Monate ihre Daten an die DAS. Dort werden Vergleichswerte aus allen Einrichtungen gesammelt und die Werte einer Einrichtung in Bezug zu anderen Einrichtungen gesetzt.

Beispiel **Ermittlung des Schwellenwerte**

Eine Einrichtung meldet durchgehende Bettseitenteile in Anwendung. Alle anderen Einrichtungen haben dies ebenfalls gemeldet. Jetzt prüft die DAS wie weit eine Einrichtung am Referenzwert liegt, der ermittelt wurde.

SCHWELLENWERTE

≤ 5,044 Ergebnisqualität liegt weit über dem Durchschnitt
5,045–14,133 Ergebnisqualität liegt leicht über dem Durchschnitt
14,134–23,222 Ergebnisqualität liegt nahe beim Durchschnitt
23,223–32,311 Ergebnisqualität liegt leicht unter dem Durchschnitt
> 32,31 Ergebnisqualität liegt weit unter dem Durchschnitt

Hätte eine Einrichtung also bei 20 Prozent der Klienten Bettseitenteile in Anwendung, wäre das noch im Mittelwert, wenn auch nur knapp.

12.2.1 Die Schwellwerte werden sich nach jeder Erhebung verbessern.

Wenn Sie alle sechs Monate die Ergebnisse von der DAS erhalten, müssen Sie mit diesen Zahlen etwas anfangen. Widmen Sie sich diesen Zahlen. Diese Vergleichszahlen sollen bedeuten, dass Sie alles, was im oder auch unter dem Durchschnitt liegt, kritisch hinterfragen müssen. Es heißt aber nicht automatisch, dass Sie bzw. Ihre Mitarbeiter Fehler machen, wenn Ihre Einrichtung unter dem Schnitt liegt. Aber Sie sollten sich folgende Fragen stellen:

- Warum ist die Zahl bei uns höher?
- Was haben wir in diesem oder jenen Fall eingeleitet?
- Warum haben in diesem oder jenen Fall unsere Maßnahmen nicht gefruchtet?
- Welche Ursachen haben wir bis dato erkannt, was sagen Expertenstandards oder Fachliteratur zu weiteren Möglichkeiten?
- Was können wir noch tun, um uns zu verbessern?
- Was haben wir noch nie getan, welche neue (verrückte Idee) fällt uns noch ein?

Tipp

Wenn Sie solche Fragen stellen, erhalten Sie wahrscheinlich überall die gleiche Antwort: »Wir haben alles getan!« Stellen Sie dann aber zwei oder drei Nachfragen, wird deutlich, dass längst nicht alles getan wurde. Es wurden nur die Standardmaßnahmen gemacht. Eine individuelle Einzellösung mit innovativen Ideen ist nicht immer erkennbar.

12.3 Immer mit einem Bein im Knast – die Sache mit der Haftung

Jede Pflegekraft und jede Leitung kennt die Aussage: »Man steht mit einem Bein im Knast.« Was dran ist an diesem Spruch? Wenn ein Mensch zu Schaden kommt, gibt es Personen, die nach dem »Warum« fragen. Diese Frage ist immer berechtigt, wenn Menschen zu Schaden kommen. Es ist kein Angriff auf die Pflege, die sich leider bei solchen Fragen auf den Schlips getreten fühlt.

Kommt ein Mensch zu Schaden gibt es drei Ebenen der Haftung:

1. **Organisationsverantwortung**: Die Organisationsverantwortung trifft unter anderem den Träger einer Pflegeeinrichtung. Er haftet z. B. für die sächliche Ausstattung. Dazu zählen Fahrzeuge, Hilfsmittel, Elektrobetten etc. Der Inhaber eines ambulanten Dienstes hat also Sorge dafür zu tragen, dass die Bremsen am Fahrzeug funktionieren und der Einrichtungsträger des Pflegeheimes muss die Wartungsintervalle der technischen Geräte einhalten. Der Träger haftet aber auch für die personelle Ausstattung. Darunter fällt die Einhaltung der Fachkraftquote, die Einhaltung der erforderlichen Anzahl an Mitarbeitern oder speziell ausgebildeter Mitarbeiter für speziell ausgerichtete Versorgungseinrichtungen.
   Die PDL muss als Leitungskraft ihren Pflegebereich organisieren. Wer sich selbst schützen möchte, regelt möglichst viel, sodass Abläufe im Pflegebereich nicht dem Zufall oder der einzelnen Pflegekraft überlassen sind. Dazu gehören Verfahrensanweisungen zu risikobehafteten Tätigkeiten, z. B. Behandlungspflegen, Standards im Umgang mit bestimmten Situationen, z. B. freiheitseinschränkende Maßnahmen, Arbeitsablaufbeschreibungen, z. B. Arbeitsabläufe im Nachtdienst etc.
2. **Anordnungsverantwortung**: Wer Tätigkeiten an andere überträgt, muss die Delegationsverantwortung kennen. So haften Vorgesetzte unter Umständen für Fehler ihrer Mitarbeiter, wenn diese ohne entsprechende Delegationsüberprüfung handelten.
3. **Durchführungsverantwortung**: Wer durchführt, haftet für sein Tun. Wer etwas unterlässt – was man hätte erwarten dürfen – haftet für die Unterlassung.

12.4 Delegation und Delegationsmatrix

Jede Leitungskraft delegiert. Das muss sie auch, denn sie kann unmöglich alles selbst tun. Dann wäre sie schließlich auch keine Leitungskraft, sondern »Mädchen für Alles«.

Wer Tätigkeiten auf andere überträgt, muss um die Haftung für den Verrichtungsgehilfen nach § 831 BGB wissen:
»(1) Wer einen anderen zu einer Verrichtung bestellt, ist zum Ersatz des Schadens verpflichtet, den der andere in Ausführung der Verrichtung einem Dritten widerrechtlich zufügt. Die Ersatzpflicht tritt nicht ein, wenn der Geschäftsherr bei der Auswahl der bestellten Person und, sofern er Vorrichtungen oder Gerätschaften zu beschaffen oder die Ausführung der Verrichtung zu leiten hat, bei der Beschaffung oder der Leitung die im Verkehr erforderliche Sorgfalt beobachtet oder wenn der Schaden auch bei Anwendung dieser Sorgfalt entstanden sein würde.
(2) Die gleiche Verantwortlichkeit trifft denjenigen, welcher für den Geschäftsherrn die Besorgung eines der im Absatz 1 Satz 2 bezeichneten Geschäfte durch Vertrag übernimmt.«

Das bedeutet zum Beispiel, dass Sie als Pflegedienstleitung unter Umständen für Fehler Ihrer Mitarbeiter haften, sofern Sie sich nicht von der Fähigkeit dieser Mitarbeiter überzeugt haben. Das können Sie aber durch ein vernünftiges Einarbeitungskonzept schon zum größten Teil sicherstellen. Über das Einarbeitungskonzept hinaus kann die Behandlungspflege delegiert werden. Aber ganz gleich, was delegiert wird, es gibt fünf Begriffe, die Sie kennen müssen: 12

1. **Delegationsfähigkeit**: Wer delegiert, muss sich von den Fähigkeiten des Einzelnen überzeugen. Zum einen geht es um die rein praktische Fähigkeit, das Können oder die sogenannte materielle Fähigkeit. Und auch die formelle Fähigkeit sollte überprüft werden, das Wissen zur delegierfähigen Tätigkeit.
2. **Delegationsnotwendigkeit**: Ist es erforderlich, die Maßnahme an diese Person zu delegieren? Denn im Zweifel sollte man die Tätigkeit einer anderen Person überlassen oder selbst erledigen. Delegation sollte immer aus der Notwendigkeit heraus erfolgen, nicht aus Bequemlichkeit.

3. **Delegationsverbot**: Für ärztliche Maßnahmen bestehen klare Regeln. Die Pflege darf weder medizinisch diagnostizieren noch therapieren. Also ist das, was uns verboten ist, auch von uns nicht an andere zu delegieren. Gleiches gilt für andere Gesetzesvorgaben oder -verstöße. Eine Anordnung zur Anwendung einer freiheitseinschränkenden Maßnahme als Beispiel kann nicht delegiert werden.
4. **Delegationszwang**: Niemand sollte zu einer Tätigkeit gezwungen werden. Die Übernahme sollte immer freiwillig erfolgen. Wenn sich Fachkraft weigert, bei einer kachektischen Pflegebedürftigen eine i.m.-Injektion zu setzen oder bei einem Mann mit Prostataadenom einen Katheter zu legen, dann darf sie nicht unter Druck gesetzt werden. Sie muss keine Dinge tun, zu denen sie sich nicht in der Lage sieht. Wenn der Mitarbeiter Druck erfährt, die Maßnahme dann doch durchführt und einen Fehler macht, haftet die druckausübende Person mit.
5. **Delegationszulässigkeit**: Die Delegationszulässigkeit bedeutet, Delegation gibt es immer nur von oben nach unten. Nur Fachvorgesetzte dürfen delegieren. Eine PDL ist den Mitarbeitern in der Pflege fachlich vorgesetzt, nicht aber den Mitarbeitern der Unterhaltsreinigung. Eine Fachkraft ist der Nichtfachkraft fachlich vorgesetzt, nicht aber der Betreuung.

Die Haftung kann also nicht auf gleichberechtigter Ebene stattfinden, sondern nur im Fachvorgesetztenverhältnis. Wenn eine Fachkraft eine andere bittet, beim Pflegebedürftigen Insulin zu spritzen und die Kollegin spritzt falsch, haftet sie für sich allein, nicht aber die Kollegin, die sie gebeten hat. Wenn eine Nichtexaminierte eine andere Kollegin bittet, den Pflegebedürftigen aus dem Bett zu holen und diese begeht einen Fehler, haftet nicht die Kollegin, die die Bitte aussprach.

12.5 Zivilrechtliche Haftung der Träger oder Mitarbeiter

Die zivilrechtliche Haftung der Träger oder Mitarbeiter ergibt sich

- aus Vertragspflichten (z. B. Heim-, Pflege-, Versorgungsvertrag)
- aus deliktischer Haftung (z. B. unerlaubte Handlung, Unterlassung von erforderlichen Hilfen)

Definition **Zivilrechtliche Haftung**

Bei der zivilrechtlichen Auseinandersetzung geht es allein um Schadensersatz. Bei den Krankenkassen entstehen finanzielle Schäden, die ersetzt werden sollen. Bei Geschädigten entstehen beispielsweise Schmerzen, die in Form einer Geldleistung ersetzt werden sollen. Oder es handelt sich um einen banalen Sachschaden weil etwas kaputt gegangen ist.

Gegen die zivilrechtliche Haftung kann man sich in der Regel haftpflichtversichern. Mitarbeiter einer Einrichtung sind über eine Pflichthaftpflicht über den Arbeitgeber versichert. Wenn also eine Mitarbeiterin bei einem Kunden eine teure Vase vom Regal stößt oder ein Mitarbeiter im Heim Angora-Pullover einer Bewohnerin in die Kochwäsche steckt oder dessen Zahnprothese fallen lässt, springt die Haftpflichtversicherung des Arbeitgebers ein

Neben diesen Sachschäden sind auch Personenschäden bei den Kunden von der Haftpflicht des Arbeitgebers abgedeckt. Stürzt ein Pflegebedürftiger, so werden Folgekosten von der Haftpflichtkasse getragen. Daher fragen die Krankenkassen nach einem Sturz immer nach der Versicherungsnummer des Trägers der Einrichtung. Die Krankenkassen möchten gern die Krankheitskosten bei dem Haftpflichtversicherer wieder holen.

Info

Hat ein Mitarbeiter in der Pflege jedoch eigenmächtig oder gar ohne Anweisung oder ohne ärztliche Anordnung gehandelt, kann sich die Versicherung ihrer Zahlungspflicht entziehen. Selbstverständlich auch bei grober Fahrlässigkeit und immer bei Vorsatz.

12.6 Strafrechtliche Verantwortung

Anders als bei der zivilrechtlichen Auseinandersetzung, wo es um Schadensersatz geht, geht es bei der strafrechtlichen Verfolgung um eine Straftat, die geahndet werden muss. Dagegen kann man sich selbstverständlich nicht versichern. Eine Strafanzeige ist immer an die einzelne Person gerichtet (z. B. wegen Körperverletzung, Freiheitsentzug), nicht an die Einrichtung oder den Pflegedienst.

Vor genau dieser strafrechtlichen Verfolgung haben die Leitungskräfte und Pflegenden die meiste Angst. Bestraft zu werden für ihre Arbeit oder für etwas, was sie versäumt haben, bereitet ihnen Alpträume.

Weshalb Leitungs- und Pflegekräfte im Allgemeinen überhaupt haften, klären wir hier. Die Haftung wegen Unterlassung ist die häufigste Form der Haftung:

- Ein Kunde erleidet einen Dekubitus. Nun wird geschaut, wer in der Pflege welche Handlung ggf. unterlassen hat. Denn noch immer muss man davon ausgehen, dass Dekubital-Ulcera in den meisten Fällen durch pflegerische Handlung vermieden werden können. Genau hier setzt man an. Wurde das Richtige zur rechten Zeit getan, um den drohenden Schaden zu vermeiden?
- Ein Kunde stürzt. Auch hier ist die Frage, was wurde ggf. seitens der Pflege nicht oder zu spät eingeleitet, um den drohenden Schaden zu vermeiden? Insbesondere spannend wird es, wenn ein Pflegebedürftiger in der Vergangenheit schon gestützt ist. Hat die Pflege etwas unterlassen, was man von ihr erwarten durfte?
- Ein Kunde verlässt unkontrolliert eine Einrichtung und kommt außerhalb zu Schaden. Wurden hier Pflichten unterlassen, um den Pflegebedürftigen vor Schaden zu bewahren?
- Ein Kunde erleidet einen Ileus. Wurde die Gefahr seitens der Pflege rechtzeitig erkannt und wurden Gegenmaßnahmen eingeleitet?
- Ein Kunde erleidet einen hypoglykämischen Schock. Hat die Pflege im Vorfeld alles getan, um den Schaden zu vermeiden?

Im Falle eines Schadens ist in erster Linie wichtig, was dokumentiert wurde und zur nachträglichen Klärung dienen kann. Zu sagen, man habe dies oder jenes probiert, reicht heutzutage schon lange nicht mehr, man braucht Belege.

Die Pflegedokumentation ist Ausgangspunkt für alle Antworten, die es im Zusammenhang mit einem Schadensfall zu klären gibt. »Ist doch schlimm, diese Betrachtungsweise«, sagen viele in der Pflege Tätigen. Geht man aber mit rationalem Verstand an die Sache heran, wird klar: Ohne Nachweise geht es nicht.
Kommt ein Mensch wie oben beschrieben zu Schaden, wird dieser Schaden ja nicht morgen verhandelt. Mitunter dauert es ein Jahr, bis man sich vor Gericht trifft und rechtfertigen soll, warum man dies oder jenes getan bzw. nicht getan hat. Versuchen Sie sich bitte zu erinnern, was Ihnen Ihr Mitarbeiter xy vor Wochen oder Monaten zum Dekubitusrisiko von Frau Meier gesagt hat oder zum Essverhalten und Blutzucker von Herrn Schmidt oder zum Verhalten der demenziell veränderten Frau Lange? Erinnern Sie sich noch? Im Detail? Nein? Eben deshalb benötigen Sie eine Gedächtnisstütze und die lautet: Dokumentation. Wie einst Goethe sagte: »Was man schwarz auf weiß besitzt, kann man getrost nach Hause tragen.«Sie können sich nicht auf Ihr gutes Gedächtnis verlassen oder das Ihrer Mitarbeiter.

Tipp

- Wenn Sie einen Kunden beraten haben, sollte diese Beratung nachvollziehbar schriftlich fixiert werden.
- Wenn Sie mit Angehörigen über Vorkommnisse gesprochen haben oder den Arzt ins Boot geholt, sollte das dokumentiert sein.
- Haben Sie bei drohenden Schäden Maßnahmen in die Wege geleitet, so dokumentieren Sie das. Am besten in der Dokumentation Ihres Kunden, ggfs. auf einem Blatt Papier, z. B. mit der Überschritt »Gesprächsprotokoll«. Dort tragen Sie Gesprächsdatum, Gesprächspartner, Gesprächsinhalt und die Vereinbarung ein.

12.6.1 Beispiel »Freiheitsentzug« (ambulant)

Ein Mitarbeiter ruft Sie an. Er wurde vom Sohn beauftragt, die Haustür beim Kunden abzuschließen, damit der demenzerkrankte Kunde nicht wegläuft.

Sie weisen den Mitarbeiter klar an, dies nicht zu tun und sprechen anschließend mit dem Sohn und erklären auch ihm, dass die Haustür auf keinen Fall verschlossen werden darf. Sie schreiben das Gespräch aber nicht auf, sondern sind der Meinung, bereits alles mit allen Beteiligten besprochen zu haben.

Wochen gehen ins Land. Da erhalten Sie die Info, dass sich gerade dieser demenziell erkrankte Kunde tödlich verletzt hat. Er wollte aus dem Fenster klettern und ist zu Tode gestürzt. Die Haustür war abschlossen, wie die ermittelnde Polizei feststellt.

Was nun? Wenn Sie bei dem Gespräch mit Mitarbeiter und Sohn keine Gesprächsnotiz angefertigt hatten, sollten Sie spätestens jetzt ein Gedächtnisprotokoll anfertigen. Dieses Gedächtnisprotokoll (noch besser: ein ursprünglich sofort angefertigtes Gesprächsprotokoll) werden Sie ggf. Monate später benötigen, falls die Staatsanwaltschaft ermittelt. Wer auch immer die Tür verschlossen hat, tat es ohne Ihre Zustimmung und ohne Ihr Wissen.

12.6.2 Beispiel »Freiheitsentzug« (stationär)

Sie bekommen einen Kurzzeitpflegegast. Der Enkel, der sich um die Oma zuhause kümmert, möchte in Urlaub. Er übergibt seine Oma in Ihre Obhut. Auf dem Zimmer spricht er kurz mit dem Auszubildenden, der die Wäsche der Dame in den Schrank räumt und sagt: »Bitte nachts immer das Bettgitter hochmachen, sonst fällt Oma raus.« Der Schüler antwortet, er würde es weitergeben. Mit der Fachkraft bespricht der Enkel auch noch die Medikation und den bereits vereinbarten Hausarztbesuch.

Der Schüler gibt die Info des Sohnes aber nicht weiter. Spätdienst und Nachtwache schauen nach der Dame, aber ein Bettgitter machen beide natürlich nicht hoch.

Gleich in der ersten Nacht stürzt die Dame aus dem Bett und zieht sich eine Platzwunde zu, die ambulant versorgt werden kann. Morgens in der Übergabe wird darüber berichtet und dem Azubi fällt wieder ein, was der Enkel über das Bettgitter sagte.

Die Pflegekräfte berichten Ihnen diesen Umstand. Sie verweisen auf Ihren Standard oder die Verfahrensanweisung und erinnern daran, dass Freiheitseinschränkung nur mit Selbsteinwilligung, richterlichem Beschluss und bei akuter Gefahrensituation kurzfristig statthaft ist. Das Gitter bleibt in der Folge unten, weil nichts dergleichen aus pflegerischer Sicht zutraf. Die Tatsache, dass die Dame aus dem Bett fiel, schreiben Sie der neuen Situation und dem neuen Bett zu.

In der Folge schauen die Nachtdienste vermehrt nach der Frau, die ansonsten ohne Hilfsmittel sehr sicher läuft. Der Enkel ist telefonisch nicht erreichbar.

In den folgenden Nächten läuft die demenziell erkrankte Dame zwar immer wieder auf dem Flur herum und sucht ihre Tochter, aber ansonsten gibt es keine Vorkommnisse. An ein Bettgitter denkt niemand mehr.

Einige Nächte später stürzt die Dame nachts eine Treppe hinunter und verletzt sich so schwer, dass sie einen Oberschenkelhalsbruch erleidet und fortan auf den Rollstuhl angewiesen ist.

Der Enkel ist natürlich entsetzt, dass seine Oma als relativ einfacher Pflegefall in die Kurzzeitpflege geht und als Schwerstpflegefall aus der Klinik zu ihm nach Hause zurückkommt. Die Krankenkasse fordert ihrerseits Schadensersatz für die Krankenhaus- und Behandlungskosten. Die Pflegekasse fordert Schadensersatz für die entstandenen höheren Kosten für den erhöhten Pflegegrad. Aus Grad 3 wurde Grad 4, das bedeutet Kostenerhöhung.

Das ermutigt den Enkel tätig zu werden. Er verklagt die Einrichtung auf Schadensersatz (weil er jetzt pflegerisch mehr tun muss) und Schmerzensgeld für seine Großmutter.

Der Enkel stellt darüber hinaus Strafanzeige wegen Körperverletzung gegen den Auszubildenden, der seine »Anweisung missachtete«, gegen den Nachdienst, der nach dem ersten Sturz keine Folgemaßnahmen einleitete sowie gegen Sie als Pflegedienstleitung (wegen Organisationsverschulden), weil Sie es unterlassen haben, nach dem ersten Sturz die nötigen Arbeitsanweisungen zu tätigen.

Die Ermittlungen werden aufgenommen, die Akte beschlagnahmt und die Staatsanwaltschaft erhebt Anklage. Es kommt zum Prozess. Der Schüler wird als einfach fahrlässig handelnd freigesprochen. Er hätte zwar nichts in die Wege leiten müssen, aber er hätte der Schichtleitung die Information sofort weiterleiten müssen.

Der Nachtdienst wird freigesprochen, weil er nach Standard des Hauses gehandelt hat und eine akute Gefahrensituation auch nach dem Sturz in der ersten Nacht nicht zu erkennen war, als die alte Dame auf der Suche nach der Tochter durchs Haus lief.

Sie als Pflegedienstleitung werden freigesprochen, da Sie eindeutige Verfahrensanweisungen haben, die regeln, wie mit dem Thema Freiheitsentzug und Sturzgefahr umzugehen sei und weil Sie bei der Übergabe nach dem ersten Sturz mit den Mitarbeitern den Fall nachweislich besprochen haben.

12.6.3 Beispiel »Dekubitus« (ambulant)

Eine Kundin erhält täglich Medikamente und Insulin vom Pflegedienst. Der privat organisierten Pflegekraft hilft der Pflegedienst beim Transfer der Kundin aus dem Bett und am Abend wieder ins Bett. Mehr findet pflegerisch von Seiten des Pflegedienstes nicht statt.

Die pflegebedürftige Frau erleidet binnen weniger Wochen einen Dekubitus am Trochanter. Für diesen Dekubitus entstehen der Krankenkasse Kosten, das würde zivilrechtlich abgehandelt. Der Dame selbst entstehen Schmerzen. Im Haftungsfall würde sie ebenfalls zivilrechtlich Schmerzensgeld einfordern. Zudem ist ein Schaden am Körper entstanden, eine Strafanzeige wegen Körperverletzung wäre denkbar.

Begründung: Wenn der ambulante Pflegedienst Leistungen der Pflege übernimmt, muss er auch die Risiken bei den Kunden erfassen und fachlich einschätzen. Liegt ein Risiko vor, wird der Kunde nachweislich beraten. Es werden Leistungen angeboten, um diesen drohenden Schäden entgegenzuwirken. Der Kunde kann, muss aber keine dieser Beratungsinhalte oder gar Leitungen in Empfang nehmen.

Hat ein Pflegedienst seine Beratungspflicht nachweislich (= schriftlich) durchgeführt, hat er kaum was zu befürchten.

12.6.4 Beispiel »Dekubitus« (stationär)

Unmittelbar nach der Aufnahme in ein Pflegeheim muss bei jedem Bewohner das Dekubitusrisiko fachlich eingeschätzt werden. Gemäß MDK-Prüfanleitung Prüffrage 11.7 muss das Dekubitusrisiko immer aktuell erfasst sein. *»Aktuell bedeutet in diesem Zusammenhang, dass Veränderungen des Pflegezustandes und sich daraus ergebende Erfordernisse (z. B. Risikoeinschätzungen oder Anpassung von Maßnahmen) bis zur nächsten Übergabe zu dokumentieren sind.«*[46]

Das bedeutet: Das Dekubitusrisiko muss nicht nur bei der Aufnahme, sondern in der Folge bei allen wesentlichen Veränderungen eingeschätzt werden.

12

[46] GKV & MDS (2018): Grundlagen der Qualitätsprüfungen nach den §§ 114 ff SGB XI. Teil 2 – stationäre Pflege. S. 101

Ist das Risiko eingeschätzt und liegt eines vor, müssen die entsprechenden Prophylaxen erfolgen. Auch diese sind nachzuweisen. Führt die Einrichtung die dem Risiko entsprechenden Maßnahmen durch, hat sie nichts zu befürchten.

Dem Risiko entsprechend heißt, dass Problem und Prophylaxen aufeinander abgestimmt sind. ist ein Bewohner gefährdet, weil er zu viel sitzt, sollten die Sitzhöcker entlastet werden. Besteht die Gefahr eines Dekubitus an den Fersen, ist die Prophylaxe das Freilagern der Fersen. Ein Umlagern ist erst dann erforderlich, wenn der Bewohner sich nicht selbstständig umlagern kann.

Die Häufigkeit einer Prophylaxe ist abhängig von der Problemlage. Die meisten Mitarbeiter lagern leider immer noch nach Rundgang der Nachtdienste, nicht aber nach Notwendigkeit der Pflegebedürftigen. So wird häufig routinemäßig dreimal pro Nacht gelagert. Das ist aber bei einigen Pflegebedürftigen unnötig viel und für andere leider zu wenig (▶ Kap. 8.2).

So kann die Lagerung eines Bewohners um 22:00, 02:00 und 05:00 Uhr tatsächlich zu wenig und somit die falsche Maßnahme sein. Zumal die meisten Pflegebedürftigen nicht an allen Stellen gefährdet sind und sehr gut vier bis fünf Stunden auf einer Seite ruhen können, insbesondere der Lieblingsschlafseite früherer Zeiten, aber vielleicht nur zwei Stunden auf einer anderen Stelle verharren können.

12.6.5 Beispiel »Sturz« (ambulant)

Ambulante Kunden haben ihre eigene Wohnung, und die ist vermutlich selten ohne Stolperfallen. Hier berät der ambulante Dienst, oftmals wohl wissend, dass der Badezimmerläufer dennoch an Ort und Stelle bleibt. Die Beratung reicht so lange, bis etwas geschieht. Stürzt der Kunde über eben einen solchen Läufer, muss der ambulante Dienst seine Beratung wiederholen.

Gleiches gilt für alle andere Gefahren, nächtliche Toilettengänge, ggf. ohne Licht zu machen, den Rollator nicht zu nutzen, offene Hausschuhe zu tragen usw.

Tipp

Beraten Sie nicht einfach über alle möglichen erdenkbaren Risiken. Beraten Sie bitte immer individuell auf die Situation der Kunden. Die Unart einiger Pflegedienste, nichts weiter zu tun als vorgedruckte Felder anzukreuzen und dem Kunden auszuhändigen, ist ggf. nicht individuell und somit nicht ausreichend.
Gehen Sie stets auf Ihre Kunden und deren individuelles Problem ein.

12.6.6 Beispiel »Sturz« (stationär)

Ein Heimbewohner geht stets mit seinem Rollator durchs Haus. Er trägt keine festen Schuhe, da er aufgrund seines Gangbildes eher schlurfend geht. Er nimmt abends ein Schlafmittel und klingelt daher, wenn er zur Toilette muss. Sieht man in die Pflegeplanung dieses Kunden, wird pauschal beraten wie folgt:

- Hilfsmittel in Reichweite
- Feste Schuhe
- Klingel in Reichweite
- Für gute Beleuchtung sorgen

Aber alle aufgezählten Maßnahmen passen für diesen Pflegebedürftigen nicht. Das Hilfsmittel muss niemand bereitstellen, der Bewohner nimmt seinen Rollator ohnehin. Feste Schuhe muss man ihm nicht anziehen, denn diese trägt er nicht, weil die Sohle ihn eher stoppt, am Gehen hindert und dies sogar die Sturzgefahr erhöhen würde. Die Klingel in Reichweite ist keine Prophylaxe, denn dies gilt als Pflicht für jeden Bewohner, ebenso wie eine gute Beleuchtung.

Würde dieser Herr also stürzen, wären keine dem Risiko entsprechenden erforderlichen Maßnahmen ergriffen worden!

> Sie müssen, wie beim Dekubitus, zunächst das Risiko individuell erheben und dann festlegen, welche Maßnahme erfolgen könnte. Nicht jeder, der mit Rollator und Hausschuhen läuft, ist erhöht sturzgefährdet. Aber genau das müssen die »ewig Gestrigen« noch üben.

12.7 Die üblichen Beweisfragen bei Schäden

Ganz gleich, ob es sich um zivilrechtliche oder strafrechtliche Betrachtung handelt. Man sollte folgenden Fragestellungen vor Augen führen:

1. Gab es Hinweise auf mögliche Schäden?

- Wenn es keine Hinweise gab, müssen Sie auch keine Haftung fürchten, denn niemand kann hellsehen. Beispiele:
  - Pflegebedürftiger steht immer allein vom Bett auf, ohne dass bislang etwas geschah. Heute ist er dabei gestürzt.
  - Der Kunde geht mittags immer draußen spazieren, ohne dass bislang etwas geschah. Heute ist er vor ein Auto gelaufen.
  - Bislang reichte die vier-stündliche Lagerung aus. Heute zeigt sich eine Druckstelle.
- Gab es aber Hinweise, ist die Frage wichtig, welche Erfahrungen die Pflegenden in ihrer Arbeit gemacht haben. Beispiele:
  - Der Sturzgefährdete ignoriert die guten Ratschläge.
  - Der Spaziergänger nimmt kein Hilfsmittel und keine Hilfe an.
  - Der Dekubitusgefährdete lagert sich immer wieder um.

2. Wurde alles getan, was Pflicht ist?

- Was Pflicht ist, schreiben z. B. die Expertenstandards vor bzw. die allgemeinen Richtlinien und Verordnungen der Alten- und Krankenpflege sowie der Hygiene. Natürlich auch die internen Standards eines Betriebes.
- Hätten andere Maßnahmen zu einem anderen Ergebnis geführt?
- Wäre der Schaden auch bei sorgsamer Einhaltung der Richtlinien, Verordnungen und Bestimmung entstanden?

3. Wo waren die Beteiligten zu einer bestimmten Zeit (wichtig bei Stürzen, unkontrolliertem Verlassen des Haues, Suizid etc.)?

- Waren alle Mitarbeiter mit dem beschäftigt, was sie zu tun haben oder gab es gemeinsame Pausen oder unerlaubte Raucherpausen?
- Wurde die Aufsichtspflicht gewahrt?
- Wurde der Pflegebedürftige allein auf Toilette oder in der Wanne sitzen gelassen?
- Sind Mitarbeiter nicht gemeinsam über die Station gegangen, sondern wurde immer getrennt voneinander gearbeitet?
- Gab es nur drei vorher festgelegte Rundgänge in der Nacht, oder so viele, wie in der bestimmten Situation nötig waren?

Ambulante Dienste denken mitunter, sie haben keine Haftungsverantwortung, wenn ein Kunde ambulant einen Dekubitus erleidet oder unverhofft stürzt. Insbesondere, wenn man keinen täglichen Auftrag bei diesem Kunden hat. Aber dem ist nicht so.

Bei allen Kunden muss der Pflegedienst die Risiken einschätzen. Das gefällt den ambulanten Diensten nicht, weil sie sich fragen, wer das denn zahlt. Der Pflegedienst ist vielleicht nur mit einer kleinen Leistung im Haushalt tätig oder hilft nur einmal in der Woche beim Duschen. Dennoch muss der Pflegedienst die Expertenstandards anwenden. Er ist schließlich der einzige Profi, der in einem Laienhaushalt ein- und ausgeht.

Für die stationären Einrichtungen ist die Risikoeinschätzung selbstverständlich. Dennoch straucheln einige bei den oben genannten Fragen.

12.8 Arbeitsrechtliche Konsequenzen für Mitarbeiter

Ganz unabhängig von der Schadensersatzforderung einer Krankenkasse oder eines Geschädigten oder gar einer strafrechtlichen Verfolgung kann der Mitarbeiter auch arbeitsrechtliche Konsequenzen erfahren.

Diese arbeitsrechtliche Konsequenz droht in aller Regel bei

- unerlaubter Handlung, dies ergibt sich aus § 823 ff. BGB. Dies kann geschehen, wenn z. B. eine Pflegekraft ihre Kompetenz überschreitet und eine Arzneimittelanordnung ändert.
  - Sie denken, das könne nicht passieren? Was ist mit den Bedarfsanordnungen in den Akten, denen die Indikation fehlt? Was ist mit Tropfen und Salben, die unerlaubt eingesetzt werden. Was ist mit dem Insulinschema, das nicht 100 Prozent eingehalten wird, weil ein Kunde beispielsweise 199 mg/dl hat, aber das Schema ab 200 schon angewendet wird oder der Kunde hat exakt 200 mg/dl und es wird noch nicht angewendet?
- Haftung für Verrichtungsgehilfen gemäß § 831 BGB.
  - Dies kann der Fall sein, wenn z. B. aus Bequemlichkeit der Kollege geschickt wurde, der ggf. weniger qualifiziert war.
- Pflichtverletzung (§ 280 ff. und 611 und 613 BGB), bei der z. B. Verfahrensanweisungen oder Standards missachtet wurden. Ob es sich dabei um interne Regelungen oder Gesetze handelt ist nicht immer relevant.
  - Beispielweise gibt es Regelungen zur Dokumentation, die besagen, dass die Dokumentation eine persönliche Pflicht ist. Wer die Leistung bestätigt, muss sie auch erbracht haben. Abzeichnen für andere kann also zu Schwierigkeiten führen.
  - Es gibt die Pflicht, bestimmte Hygieneanforderungen zu erfüllen, um Kunden vor Schäden zu bewahren. Diese Anforderungen werden missachtet.

Als Pflichten kommen also ganz unterschiedliche Dinge zum Tragen. Jeder hat eine Stellenbeschreibung. Dort werden bestimmte Niveauregelungen getroffen. Ebenso gibt es in allen Betrieben Standards, die nicht unterschritten werden dürfen.

Sie sehen, mit dem Gesetz in Konflikt zu kommen, arbeitsrechtliche Konsequenzen zu erfahren, Fehler zu begehen, ist einfach. Wer mit Menschen arbeitet, muss damit rechnen, dass Fehler geschehen und Schäden entstehen.

Wichtig ist daher, möglichst mit wachem Verstand die Arbeit anzugehen. Die Standards, Verfahrensanweisungen und Richtlinien des Betriebes und Gesetze sind einzuhalten. Wenn etwas geschieht, muss man nachweisen, was man gemacht hat und warum, bzw. was man aus welchem Grund nicht gemacht hat.

Fazit **Pflichtverletzung muss nachgewiesen werden**

Wer seine Arbeit verantwortungsvoll ausübt, muss in aller Regel nichts befürchten. Denn der Geschädigte muss darlegen, dass er den Schaden erlitten hat, weil die Pflege oder die Einrichtung ihre Pflichten nicht erfüllt hat. Ganz so einfach ist das nicht, wenn die Arbeit und die Dokumentation dahinter stimmen.

Literatur

Arnhold H. (2016): Wir sind Chef; Wie eine unsichtbare Revolution Unternehmen verändert. Freiburg: Haufe

Bundesurlaubsgesetz, BUrlG Ausfertigungsdatum: 08.01.1963 Vollzitat: »Bundesurlaubsgesetz in der im Bundesgesetzblatt Teil III, Gliederungsnummer 800-4, veröffentlichten bereinigten Fassung, das zuletzt durch Artikel 3 Absatz 3 des Gesetzes vom 20. April 2013 (BGBl. I S. 868) geändert worden ist«

Bürgerliches Gesetzbuch in der Fassung der Bekanntmachung vom 2. Januar 2002 (BGBl. I S. 42, 2909; 2003 I S. 738), das zuletzt durch Artikel 1 des Gesetzes vom 22. Juli 2014 (BGBl. I S. 1218) geändert worden ist

Daigeler T, Hölzl F, Raslan N. (2019): Führungstechniken. Freiburg: Haufe

Emerson WR (2015): Selbständigkeit: und andere Essays, marix Verlag

Frey U. (2016): Vertrauen durch Strategie, Strategien im KMU einfach entwickeln und damit Vertrauen schaffen. Wiesbaden: Springer Gabler

Friedel J, Peters-Kühlinger G (2018). Mit Druck richtig umgehen. Freiburg: Haufe

Gessner M. (2015): Menschenkenntnis. Freiburg: Haufe

GKV & MDS (2019): Richtlinien des GKV-Spitzenverbandes für die Qualitätsprüfung in Pflegeeinrichtungen nach den §§ 114 ff. – Vollstationäre Pflege

GVK & MDS (2020): Qualitätsprüfungs-Richtlinien Transparenzvereinbarung. Grundlagen der Qualitätsprüfungen nach den §§ 114 ff. SGB XI. Teil 1a – Ambulante Pflegedienste

Gremmers U (2016): Neu als Führungskraft. Hannover: humboldt

Haller R (2018). Checkbuch für Führungskräfte. Freiburg: Haufe

König J, Raiß M (2020). Dienstplangestaltung – Was Pflegekräfte wissen müssen. Hannover: Schlütersche

Krüger W (2018): Teams führen. Freiburg: Haufe

Lachmann KW (2019): Zeitmanagement. Freiburg: Haufe

Matyssek AK (2018). Gesund Führen. Das Handbuch für schwierige Situationen. Norderstedt: do-care

Matthews A (2015): So geht's Dir gut. Kirchzarten: VAK

Meyer-Pries L (2015): Die BWA als betriebswirtschaftliches Auswertungsinstrument. In STbg – die Steuerberatung, Heft 10/2015, S. 405

Parment A (2013): Die Generation Y. Mitarbeiter der Zukunft motivieren, integrieren, führen. Wiesbaden: Springer Gabler

Proske HR. (2015): Richtig priorisieren. Freiburg: Haufe

Schäfer B (2001): Die Kunst Ihre Zeit zu führen. Düsseldorf: fin.wis.media

Stritzelberger R (2015): Selbstmotivation. Wie Sie dauerhaft leistungsfähig bleiben. Freiburg: Haufe

Stritzelberger RG (2015): Willensstärke, Energien freisetzen und Ziele erreichen. Freiburg: Haufe

Register